危機管理と論語の知恵

まえがき

マスメディアには毎日のように不正、事件、災害、住民の苦情など不愉快なことばかりが目に付く。日本はそんなに悪い国なのか、住みにくい国なのかというと外国人にはそうでもないらしい。例えばデータの不正は一般人の我々には何ら影響ない。事件も確率的には極めて少なく安全だ。ところが災害は島国なのでたくさんあるのに「備えあれば憂いなし」という格言を真に受けている。本当はどんなに備えをしても憂いはあるものだ。また住民がよく訴える苦情は従来の日本人は隠すべき見識だった。住民とは景色が変わるだけで苦情を言う。それは聞き届けるところがあるからなのだ。そして自治体はそれを叶えてしまうこともある。この程度だから外国人にとって日本は住みやすいのだ。

そもそも何に対しての危機なのかということをはっきりさせなくてはならない。不正が起きないための方法ではない。不正に対しては社内のチェック機能を整備し、そのチェック機能に対する管理なのだ。また、不都合にならないための対策でもない。何らかの不都合とは、例えば業績悪化であるならそうなる前に会計士や、コンサルがいくらでも用意されている。セクハラ、パワハラなら個人と周囲との緊張関係しかない。内部告発なら埋め合わせ、懐柔、弥縫という策を使わねばならない。

危機管理とは要するに倒産、解雇を避けるためのものであるべきだ。それが社会から抹殺されないため、さらし者にならないための防衛術になってしまっている。実際は、現代社会の危機管理とは各種モンスターに対する準備といえる。株主総会、医療、教育、住民というモンスターがはびこる中、何の落ち度もないのに刺されることは今や日常である。

悪いことは確かに悪いとして制裁され謝罪をし、改善しなければならない。だが、それでさらし者になる理由はないのだ。各種モンスターは黙らない。その存在は充分に許容されなければならないのだ。それを報道するマスメディアに倫理観、見識がないのだ。報道は確かに重要でこれもなくてはならない。情報源として我々は頼りにしている。だが歯止めがないのだ。それは報道内部のチェック機能では解決出来ない。報道されることでメリットを得た人と生活を破壊された人とでは後者の方がはるかに多い。

ＪＲ西日本の新幹線で車体に大きな亀裂が発見された。重大インシデントだそうで、いつものようにトップがＴＶで頭を下げた。それを製造した川崎重工も頭を下げた。どちらの方が長時間下げていたかなどという滑稽で奇妙で、情けない光景と報道だった。この事件は内部のチェックで発見された。それを製造元に改善を求めればいいだけの話で、一般市民には何の不都合もない。一般市民が発見し、事故になったときに初めて問題になるのではないか。そうなってからでは遅いというのがマスメディアの論法であるが、こういう報道をすれば事故や不正が防止されるという無邪気な効果を狙っている。事故を防止し減少させるのは当事者自身の力だけが頼りなのだ。危機管理とは自己管理のはずがマスメディア管理になっている。

本書はその管理を中国古典、特に「論語」に求めようとする。なぜなら今がある意味で中国古代と同じ状況にあるからだ。うわさをばらまき、失脚を狙うという時代だった。しかし歴史的には危機管理という点で「論語」を扱ってきた時代はない。創られた当時の目的は言葉だけでは危機が管理出来るものではなかったからだ。現代の日本ではその「論語」が危機管理の書として解釈できる新しい書物に蘇るはずだ。

そもそも「危機管理」は「危機回避」とは異なる。日本的な「備えあれば憂いなし」では今は効き目がない。危機と共に生きていく、そして最小限にとどめようとする態度が現代である。「備えあれば憂い少なし」と言い換えられるが、それは極端に言うと多少の犠牲は誤差のうちで許容するということにもなる。リスクマネージメントはダメージコントロールとともにありその方が現実的で安心感がある。リスクをゼロに、という事ほど人の心を不安にし、閉鎖的にするものはない。

「論語」には弟子の話がたくさん出てくる。弟子の子貢が孔子に言った言葉に現代的で面白いものがある。「言うことにいつも信頼が置け、やることは必ず結果を残す。こういう人がいますがこれはコチコチの小人ですね。」こう言われるとなんとなく安心出来る。真面目だけな人とか能力の極めて高い人は始末に負えない。こういう人達も管理しなくてはならないのだ。弟子たちが一緒に学んでも行き着くところや時間はバラバラになるものだ。人を動かしたり社会に対応する濃淡は異なるものだ。こういう環境は危機だらけであったろう。

つまり「危機を管理する」ということは組織、個人とその両方の立場として理解した方がよい。そしてそれは次の三点にまとめられる。一つは企業やコミュニティーなどの組織にとってメディアに嗅ぎ付けられないこと。二つは内部告発されないこと。そして三つ目は個人にとって見識や教養を身に付けることである。

本書を読むとき本来の漢籍を現代的に読み替えたり、時代的な解釈をしなければならず、

「論語」の正当な意味に沿っていないところがある。それは「論語」を危機管理の書として利用したからである。言葉は一度文字にしてしまった瞬間に一人歩きをする。筆者が考えてもいないような価値を持つことがある。江戸時代以降の伝統的な解釈も孔子自身がそう思っているとは言えないのである。書物の内容が数千年変わらず全く同じというのは使い物にはならない。時代によって多くの解釈を持っている本とは少なくとも良書であるのだ。

本書は目次にあるような構成になっている。まず「論語」から三五項目を撰びそれが現代の危機にどのように対応しているのかを解説した。各項目ともに毛筆で言葉を掲げ、その書き下し文とおおよその意味をまず提示した。その後で解説や例を展開した後、ブレイクとして「危機管理人の休息」というコラムを各項に付けた。

また、危機の種類として夫婦、家庭の中で生じる問題や個人の生き方に関する「個人的危機管理」、企業、コミュニティーなどの組織体で生じる「組織の危機管理」、そして両者の関連で生じる「個人、組織体の域管理」の三種類に整理した。

目次の後に参考として、「論語」と孔子について解説し、その読み方も説明した。また、冒頭の「論語」の言葉の中に登場する人物については各項目の最後に項目ごとに解説した。最後に本書の主体である「千代田論語の会」について付記した。

目次

目　次

目　次

「論語」と孔子

「論語」

孔子の言葉や弟子たちとのやりとりについての事柄集。後世の弟子たちが編集したもので、今ある「論語」の形で成立したのは漢代の初めと言われる。歴史的にもあらゆる時代人の教養の必読書となっていたため権威が強く、重複する文や矛盾する記述があっても改訂されないまま今日に至っている。そのため内容は時代軸に沿った構成にはなっていない。

また、儀式や祭りのことも多く、現代では不明な記述もある。しかし、社会意識や生活感情としては現代と十分に対応し共感することが多い。

中国語の特徴として漢字ばかりで接続詞、助詞などの論理的助字が少なく翻訳するときにかなりの幅ができる。そのため時代によって都合よく解釈される運命にあるため今日まで時代に適応しながら伝わっている。

★

孔子（紀元前五五一から紀元前四七九）　魯の人　姓は孔　名は丘　字は仲尼　身分は大夫

長身、長寿の人であった。母が巫祀の家系であったらしい。儒という集団で礼、楽を教義として弟子を多く育てた。弟子たちは優秀で後世に名を残すものが多かったが自らの仕官はなかなか思うようには行かず諸国を渡り歩いた。

魯の人…………出身国は本籍で一族の発祥地。必ずしもそこに住んでいるわけではない。同族意識が強いので出身国が同じであれば連帯感は強い。言語や習慣も同じ、考えも近いといえる。日本の出身校、同窓会を強くしたもの。

姓は孔…………姓とは一族で、同じ一族の同質感、連帯感は強い。

名は丘…………「名」とは個人の生まれたときに付けられる名前で、自分、両親、先生ぐらいしかこの名は呼べなかった。

字は仲尼………「字」とは一般的に他から呼ばれる呼び名。日本で言うあだ名に近いが日本より正式感は強い。

身分は大夫……身分には庶民の上に卿・大夫・士という階級があった。行為や言葉も使い分けて権威を保った。

【一】組織の危機管理……管理者として

1　反省のしすぎは危機を呼ぶ

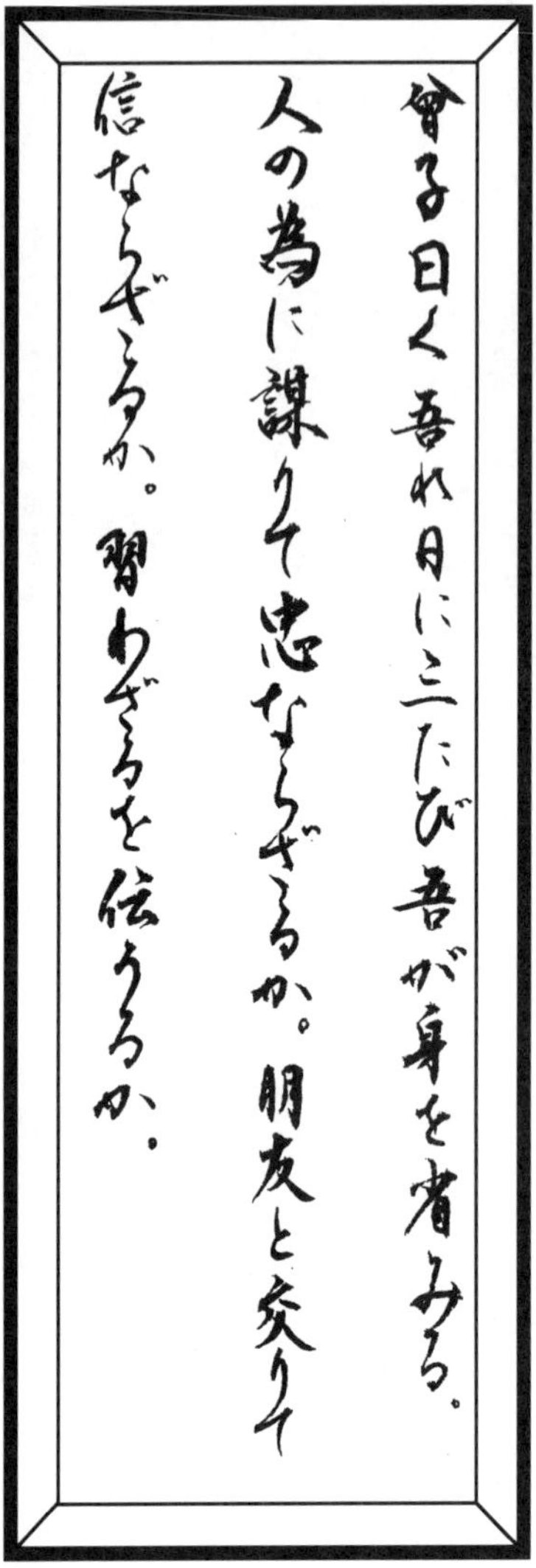
曾子曰く吾れ日に三たび吾が身を省みる。
人の為に謀りて忠ならざるか。朋友と交りて
信ならざるか。習わざるを伝うるか。

「曾子《そうし》曰く吾れ日に三たび吾が身を省みる。人の為に謀りて忠ならざるか。朋友と交わりて信ならざるか。習わざるを伝うるか」〔学而《がくじ》〕

曾参《そうさん》（曾子の本名）はよく次のように言う。私は一日に三度自分を振り返ってみるのだ。他人のためにいろいろ考えてあげて正直に対応してあげただろうか。友人たちと交際して誠実に振る舞ったであろうか。先生に言われたことを自分の中で復習もせずに他の人に受け売りして

はいないだろうかと。

この文は江戸時代以来、「三省」として日本の文化に浸透しきっている。事が終わったあと反省する意識ほど多くの日本人の心を後ろ向きにさせている強い枷はない。多くの日本人に自己嫌悪という気持ちが存在するのはこの意識のためである。今の日本では当たり前のように感じられるが国際的なやりとりではやはり偏っている。反省しない民族などもちろんいないのだが日本人には深く彫りつけられている。東洋の「反省史観」の正体がここにある。

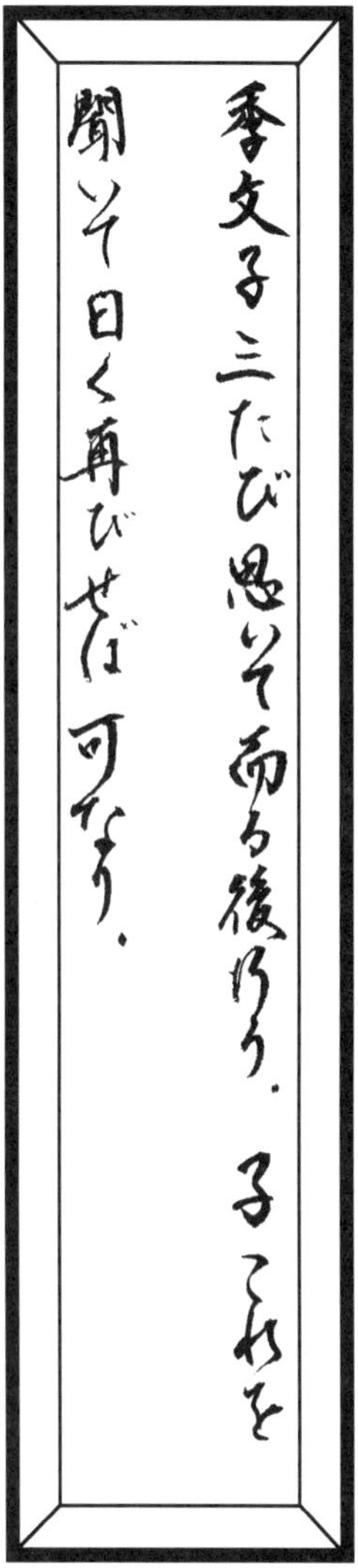

「季文子三たび思いて而《しか》る後行う。子これを聞いて曰く再びせば可なり」〔公冶長《こうやちょう》〕

季文子は行動するとき三回は振り返ってから行う慎重な人だと言われている。孔子がこのことを聞いて次のように言った。二回も振り返ればいいんではないのかね。

この文は反省のやり過ぎを多少からかいながらも注意している。というのは反省が強すぎると事態が進まないからだ。おそらくこの三回の行為は儀礼として行っていたのだろう。それを現実的に行うと反省するところがもう無いのに自らを後ろ向きにさせてしまう。

【解説】

孔子自身も反省や自省は不断に行っていたと思われるが儒家は不言実行のような考えを持つため何よりも行動を促す。反省してこの部分がおかしいと一つでも気づいたらもう反省はやめて以前を変える行動に出たのであろう。そもそも中国の「反省」の概念が日本と異なるのだ。小笠原で勝手に珊瑚を取ったり、日中中間線付近でガス田を開発したりという行動への日本側のクレームに対して中国側に日本で言う反省はない。しかし中国でいう反省はあるのだ。小笠原で勝手に珊瑚を取り日本に文句を言われたから、別のところで取ろう。ガス田を開発して文句言われたから、論文で反論しよう。内省をしながらここはまずいから、言い返そうという反省に基づいている。他の国なら、何らかの妥協策を考えるか、手を引くだろう。反省とはやめることではない。謝ることでもないのだ。一方で、現代中国は他国にやめること、謝ることを迫っている。これは勝者の理論であり「論語」とは大きく異なる、国際取引の典型である。

「論語」のおかげで日本人は内省をすることが好きになり、とくに日本人同士で自分たちを責めるという構図を執るようになった。それが民主主義であるという考えが浸透し、政治も文化も前に進むことが非常に遅くなっている。少数派がまるで大勢であるかのようなマスコミのとらえ方はまさに「論語」の教えの歪曲である。

日本の危機管理とは今のところ反省と会議との別名である。これでは管理コントロールしているとは言えない。なぜかというと、出てくる結論は消極的政策や文句を言われないように、叩かれないようにという方向しか持たないからだ。中国のように小笠原で珊瑚を取ってはいけないといわれたら、もうやりませんという気持ちになるのではなく、別の場所を探すことなのだ。そういう方向を持たないと、「心からの謝罪」という抽象的なものを永久に要求され続けることになる。

そもそも反省とは行った行為を検証することだ。その次はそれで従来の行為を変えるか今まで通りにするのかということになるが、日本で求められる対策という言葉に現状維持は含まれない。変えねばならないのだ。一人でも不都合が出るとよく聞くことはもちろん変更をしなくてはならない。変更されては困る多数がいても一人が弱者というとらえ方をする。どんな方針を打ち出しても無視しなくてはならない少数派は生じる。その少数派をゼロにしようとすることとは生産的ではない。少数派は多数派を数の暴力とする。今の日本の組織の最も反省すべき点は少数派の意見を聞くまではいいが、それを通してしまうことだ。

クレーマーという種類の人種はこういう体制から必然的に生まれたものだ。モンスターペアレント、モンスターペイシェント、モンスターハビタント（住民）の言うことは一理はあるが一理しかない。こういう人達の対策に追われることは福祉、厚生、年金と数多くある業務の中で最も消耗するものだ。足下をすくわれないようにという発想は武士道にもあるがここは「論語」の教えを優先すべきだろう。組織は利潤追求や社会奉仕のためにあるのであって福祉やクレーマーに対する慈善事業、弱者救済の自治体機能は持つ必要ない。社会正義を行いすぎて人員削減となると取り巻く社会にとっても大きな危機である。

★曾子《そうし》　魯の人　姓は曾　名は参（驂《しん》）字は子輿《しよ》

孔子の弟子で四六歳年下。孔子の生き方を後世に継いだ高弟で親孝行として有名だが、孔子の弟子だった頃はまだ若かったので「のろま」とか「とろい」とさんざんに言われている。反省することが好きだった真面目人間であることからかわいがられ、からかわれる対象でもあった。

★季文子《きぶんし》　魯の家老、季孫子の三男　身分は卿《けい》　姓は季　名は行父《こうふ》　謚は文子

孔子より前の時代の人。慎重で優柔不断な人。なかなかものを決めることができなかった。

〈危機管理人の休息〉……その通りだよな

謝罪と反省は違う

日本人の反省好きは極端である。それが反省にかこつけた飲み会であるならいいのだが、不都合なところもないのに反省をし、問題点が全くないという報告は無能な組織になる。反省とは過失の反省ばかりではない。工夫の方が大切である。ところがそういう国民性につけ込んで、中国や韓国のえげつなさが当たり前とすると国際感覚が日本とは異なるということをそろそろ反省すべきだろう。

友人でも町内でも、会社でも国家でも、従って民事訴訟でも謝罪を求めることが通

例になる。そしてその謝り方には際限が無い。被害者になると納得することが負けに繋がる。こういう文化は異常である。前に進まないどころか相手を精神的にも物質的にも破壊、殲滅することが目的になる。

日本人は「すみません」「ごめんなさい」は「こんにちは」と同じ程度の挨拶の言葉になっている。外国では滅多なことでは謝らない。だから妥協、取引という行為が機能する。日本でそれは卑怯と呼ばれることもある。

日本では古来「謝罪」とは非言語的レベルで行われてきたのだ。しかしそれは文化の異なるところでは分からないのは当然だが、日本人同士でそれがわからなくなるということは日本文化が変質してきたのかも知れない。たとえ謝ってもどこかの国みたいに納得しないということでまた蒸し返す人がいる。その方が何らかの利にかなうのであろう。

反省しない人はどこの国でもいるはずがない。それを「全然反省していない」という決めつけをしてそれを世間様が後押しをする。反省とは次に進むと言うことが前提である行為なのだ。謝罪とは存在を抹殺されることを言う。本来同じではない。反省しすぎると謝罪していると理解されることになりかねない。そうなったら対等は望めない。

2　過失や不孝は隠す

君子の過ちや、日月の如し。過つや人皆之を見る。更むるや人皆之を仰ぐ。

「君子の過《あやま》ちや、日月の如し。過つや人皆之を見る。更《あらた》むるや人皆之を仰ぐ。」〔子張《しちょう》〕

間違いは誰でもするがとくに君子の犯した間違いは太陽や月の満ち欠けのようだ。立派な人だから間違えると目立つため人々は注目する。しかし必ず改める事を知っているから、改めたとき人々はまた君子を仰ぎ見るのだ。

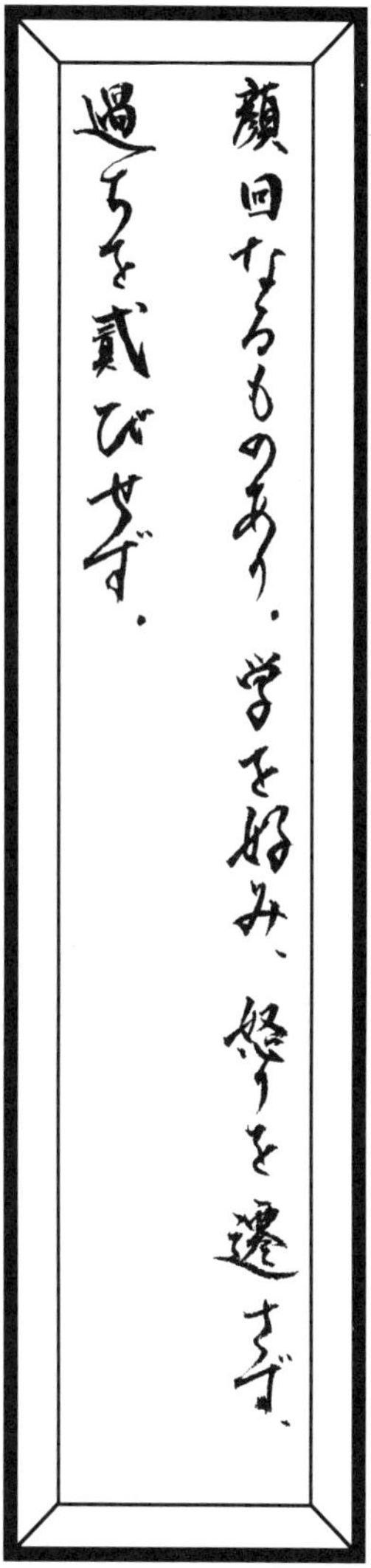
顔回なるものあり。学を好み、怒りを遷さず、過ちを貳びせず。

「顔回なるものあり。学を好み、怒りを遷《うつ》さず、過ちを貳《ふたた》びせず」〔雍也《ようや》〕

顔回という孔子の弟子は、学問好きで、不愉快なことがあっても他人にはあたらない。そして間違いもするが二度とはしなかった。

過ちて改めざる、是れを過ちという。

「過ちて改めざる、是れを過ちという」〔衛霊公《えいれいこう》〕

人は間違えるものであるが、それを改めようとしないことが本当の過ちという。

【解説】

現代の中国では過失を認めることはない。それはどのような日常でも政治でも過失を求めないくらい国家として完全でなくてはならないからだ。しかし人間のすることであり、また時代、周りの条件が変化するため過失を認めないと苦しいことになる。諸葛孔明の言葉に「完璧な策は必ずほころびる。それは人の愚かさを見逃しているからだ。」というのがある。やはり古代でも感じることに隔たりはないのだ。

「小人閑居して不善を為す」（つまらないものに暇を与えるとろくな事をしない。）ということはよくある。我々は基本的に小人の集まりであり間違いは起こる。立ち直ったり、受け入れるのは組織としては当たり前だが、世間というところはそうは行かない。鬼の首を取ったように騒ぎ回る。危機管理とはここのところなのだ。そういう社会に囲まれていればこそ過失は隠すしかない。きちんと謝っておけば済んだものをと他人事のようにいうが、そんなことは決してない事はよくわかっている。出来るだけ隠し時間を稼ぎ、風化させると言うことも危機管理の一つなのだ。その間に内部は立て直しを図る。もちろんこうして済ましてきた組織はいくらでもあるのだがなぜ漏れたのかは内部告発しかない。これについては次の項の「内部告発は身内、仲間の意識管理」と深く関連する。

隠すということは日本では卑怯者のすることで武士道では厳に慎まねばならないことである。しかし時代がそうさせないのだ。潔いとか、けじめとか素晴らしいことは色々言われるが、そんなことやっているのは日本の典型である。これもガラパゴス症候群といわれるものだろう。「風化する」「忘れ去られる」という事はそれほどよくないことなのだろうか。隠す必要のないことでもいつまでも覚えておいて欲しいと言う。確かに自然災害、それに伴う家族の不幸、飛行機事故はどうして自分だけがこういう不孝に合うのかという偶然性に対する向けようのない憤りや悲しみがある。しかしそれを社会全体で共有しようという「優しさ」を要求するのは分かる。それを風化させるなとか、忘れないでというのもわかる。一方、過失というのは同じ不孝でも、同じ偶然でも同情しようとは考えず、社会全体に晒したままにしようというのは「優しさ」ではなく「醜悪さ」ではないだろうか。日本の武士道であるなら過失は見て見ぬふりをするのが独特の「優しさ」であろう。もしその過失で被害を受けた一部の人がいても、やはり同情はするが社会全体のさらしものにはしない。

不幸な事故や災害でも立ち直ることを考えたとき、早く忘れた方が生産的であることは誰でも分かる。過失を犯した人もその責任があってもなくても忘れたいだろう。どういう事情であれ社会問題にするのは一部、一時で済むはずだ。多くのことは当事者にしても部外者にしても忘れる方がよい。それで同じ繰り返しをするかどうかは忘れたか風化したかとは別問題だ。そのためにはなるたけ隠す方がよいのだ。同じ卑怯でもさらし者にする卑怯に比べたら社会正義は読み取れる。どんな人にも同じような不孝や過失はあるもので、それは自然と忘れ去られる。これが人間の作る社会として自然であろう。

こう考えると、「論語」の冷たさのような考えは合理的であり、生産的である。誰でも我慢しなければならないことを持っている。それが過失や不孝なら知られたくは無いだろう。また突っつきたくもないはずだ。それが平和という思いの人は決して少なくはない。社会問題化してさらし者にしても社会は決してよくはならない。昔、家族に障害者がいるときおおっぴらには言わなかった。今ではみんなと共有し助け合おうとしている。身内や本人の心苦しさを我慢させるという社会意識は、それが組織の中であるなら大変な危機となるのだ。このことは次の3項の内部告発に繋がる。

★顔回《がんかい》　魯の人　姓は顔　名は回　字は子淵《しえん》

孔子の弟子で三〇歳年下。孔子が最も気に入っていた人。徳が高く、行動が徳にかなっていて、孔門では模範的な人物。四二歳で孔子より先になくなり「論語」の中に異常な嘆きが表現されている。

〈危機管理人の休息〉……その通りだよな

間違いを受け入れるのは愛では無い

「間違いは誰にでもある」「まちがってからのやり直しが大切なのよ」日本人はこういういい方をよくする。しかしそれほど寛大なひとにはよほどの立場的優位がある。もしくは追い詰められたもの同士の開き直りでもある。打算が絡む中では一般的にこういう許容力は人には無い。ところが中国古代ではどんな時にも包み込む余裕、開き直りがあった。

それは精神的な余裕ではなくしかたがないというあきらめから来るものなのだ。全ての人がこういう感覚を持っているとしたら間違いは計算のうちとか、誤差の範囲としてはじめから認められているということだ。そうなるとどういう現象として現れるかというと、現代中国のようにまず若者は大手企業に就職せず、起業することがステイタスになる。そう簡単に一発は当てられないということは日本と同じである。しかし躊躇しないのだ。それは高速道路でも、新幹線、都市計画、宇宙開発など何でも日本の倍以上早い事からもうなずける。それほど安全性や採算、経済効果などより実行こそが大切なのだ。

日本の政治家のキーワードとなっている、「きちんと」「しっかりと」ということは意味がないのだ。だから失敗しても賠償とか、救助とかにはあまり精力的ではない。生み出すものではないからなのだ。費用対効果とは効果が上がっての費用なのだ。つまり、間違いは許そうという考えは犠牲はしかたがないということまで含んでいるということが日本人と考え方のズレになる。。

日本では寛大こそが人格的に高く、教養人と思われるがこのぐらいはしかたがないという誤差を人命、損失、公害、後遺症、と同じ程度に考えられてこそ間違いは許そうということになる。宗教的な愛や優しさとは似ても似つかない重い犠牲まで込められていることを無視して「寛大」というとそれは偽善になる。

3　内部告発は身内・仲間の意識管理

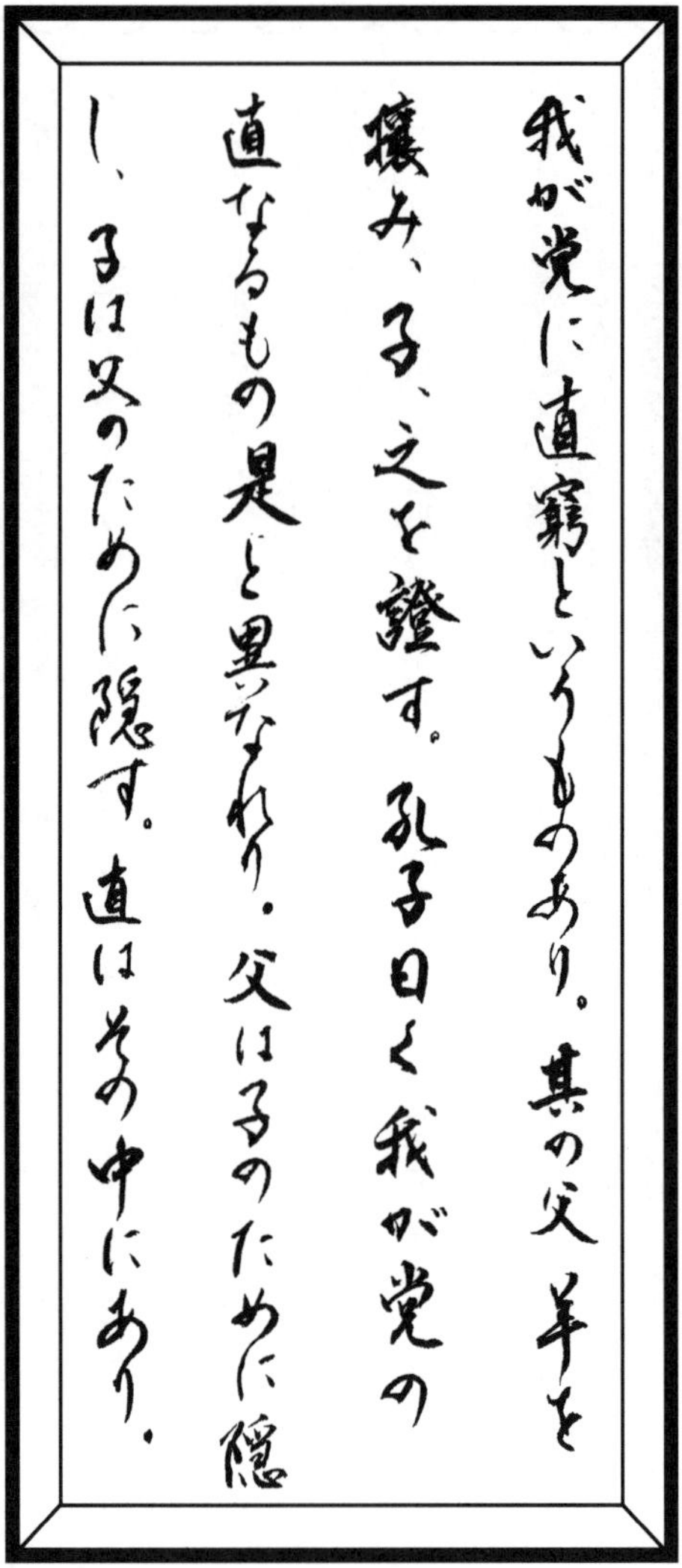
我が党に直窮というものあり。其の父羊を攘み、子、之を證す。孔子曰く我が党の直なるもの是と異なれり。父は子のために隠し、子は父のために隠す。直はその中にあり。

「我が党に直窮《ちょっきゅう》というものあり。其の父羊を攘《ぬす》み、子、之を證《しょう》す。孔子曰く我が党の直なるもの是と異なれり。父は子のために隠し、子は父のために隠す。直はその中にあり」〔子路《しろ》〕

私の村に直窮という若者がいた。父親が羊を盗んだとして息子が役人に訴えた。どうだ正直だろう。孔子はこの話に反論した。私の村の正直者はちょっと違うね。もしそういうことがあっても父は子どものために隠し、子は父のために隠すものだ。それが正直というものだ。

【解説】

これは古来有名な内容である。「攘《ぬすむ》」という文字は迷い込んできた羊を返さなかったという盗みである。親子の中で独立した財産を持っているのならこういうことは起こりうるが、大家族制の中では役人にまで、つまり外の人に仲裁を求めるところまでは話はこじれない。ヨーロッパでは個人が幼い頃から独立しているため親子の間での訴訟はいくらでもあると聞く。しかし日本の民事訴訟ではあまりない。大岡裁きでも親と子が訴訟を起こしたとき、同じ牢に親子を入れておいたところ仲直りしたという話がある。

つまり過失は隠せということになる。前の2項と同じ事を視点を変えて対応することになる。いずれにしても危機管理の要諦は公にしないということである。現代の公正さ、透明さに反し、社会問題として捉えるとただのへそ曲がりになる。しかし現代では隠すことも正しい処理のしかたである。隠蔽とは閉鎖せよということではなく身内で処理せよということ。それは誰も迷惑していないことを公にして話を一人歩きさせ、実体のない正義という事に照らし合わせるということに対して興味のない人にとってはただの覗き趣味と変わらないことはやめようという事だ。全てを公にし、ガラスばりにすることは歓迎されることではない。そうしてそれでうまく社会が動いたためしがないからだ。

内部告発に報奨金を出すような卑怯が褒めそやされるような時代、社会を導いた。いわゆる弱者が社会に蔓延するのだったら、組織内部で納得するまとめ方の方がどれほど清潔か知れない。その納得の中に温度差があると、不平不満分子が社会問題化させる。それを弱者としてサポートしようとする組織、職業はいくらでも準備されている。そういう団体は弱者として泣き付かれた人に対してはお客様で、それをマスコミが報道する。自分にとって不都合なことを組織のせいにすることを、みんなが困っているというポテンシャルで扱おうとする。弱者を救おうとすることが卑怯を助長し、自分の腹いせに正義という名を使っている人達は自己責任という言葉を異常に嫌がる。本当に弱者という人も確かにいる。しかしそれ以外の人の方も困っているのが実情で声を上げられないだけなのだ。

例えば東日本大震災で大川小学校の教員が告発された。亡くなった方達を教員のせいにしようとしている。告発をうけた裁判所はこれはおかしいんではないのとはいわない。告発者に対してだけの対応をする。亡くなった子ども達は気の毒だが、亡くなった教員も気の毒だという考えはない。第三者としてもう一つ考えなくてはならないことがある。それは亡くなった子どもの親で、告発に参加していない人達がいるということだ。この人達の真意は公表されない。マスコミも決して公表はしない。相手が公務員、自治体だから自分たちは弱者だという構図は真実、定義とはかなり遠い。

大手自動車会社の不正データやチェックする人のライセンスの問題というニュースもあった。そのことで事故が起きたことも車の所有者が困ったこともない。それは管理する省庁と企業との関係で、習慣で何年も通用していた企業と下請けの関係や企業内部での規則を監督官庁がけしからんとするのは報道してもいいが国民の前でさらし者にすることも無いだろう。

また、相撲の春日野部屋で起きた過去の暴力事件をほじくり出し、当事者とも示談が済み、相撲協会からも譴責を受け制裁もされていることを、「公表」しなかったとしてニュースにした。この公表の「公」とはどこだろうか。きちんとマスメディアに届けなさい、ニュースにするか否かはこちらが考える、という事なのか。

さらに芸能リポーターは海老蔵と、闘病生活の奥様のことをニュースにするのはいいがプライバシーに踏み込み終わり行く生命までネタにする。海老蔵はやめて欲しいと申し込んだそうだが、マスメディア側は我々の報道で人気を保っているのにそのいいかたはなんだという論調を提出した。

人の不孝を面白がる。正義の味方になって世の不正を暴く。弱者の味方になり政治の落ち度を指摘する。こうしたマスメディアは江戸時代から盛んになったらしい。当時それらは反武士道として武士階級からは弾圧されたが町人階級は歓迎した。もちろん情報として役に立つものもあることには違いないが、役に立たないものの毒素の影響力は風評被害に発展する。こういうことは「論語」でも強く批判する。

マスメディアは表現に自由ということで自己批判は全くしない。慰安婦問題などは朝日も誤報ということが明らかになったにもかかわらず朝日新聞本体でも取り返しが付かず、国益をこれほど損なっている。こうしたことを考えると過失は出来るだけ隠し、当事者同士で処理をすべきであることが分かるだろう。そうすれば内部告発という聞き苦しい事態もなくなるのだ。現代ではチェック機能が充実しているので、マスメディアでほじくらなくても適切に処理をされていることが多い。それが日本人の見識というものだ。

〈危機管理人の休息〉……ちょっといい話

ある同窓会

英国ケンブリッヂ・セントジョンズカレッジの一角に小さなパブレストランがある。その店には一一月三日に必ずリザーブされていて一般客の座れない席がある。そこの老主人に聞いた話である。その店は今の主人の曾祖父の前の代から店を開いていた。

ちょうど一九〇〇年にケンブリッヂのセントジョンズカレッジを卒業した二〇数名が年に一度クラス会をすると決めた日は、一一月三日だった。同じブレザーに、ネクタイ、そしてセントジョンのエンブレムをつけて食事をする。はじめの一、二年はほとんど全員集まったが、三〇代、四〇代は社会的にも重要な地位についていたため出席者は半数もいなかった。六〇歳を過ぎるとまず戦争、そして事故や病気で亡なった人、または外国で暮らしている人、不明者も何人かいたそうである。全員がリタイヤしてからは一〇名近くはほとんど毎年集まるようになった。七〇歳を過ぎるころから、次第に欠けてゆき、とうとう二人になったそうだ。それでも、同じ日の同じ時間に同じテーブルに集まり、同じ食事をする。そして同じ話題をしながら思い出に花をさかせ、最後には校歌を歌って帰っていく。

そこの主人もすでに何代か代が代わっていった。とうとう出席者が一人になってしまった。それは一九六八年だったそうだ。その日、同じ時間にやって来て、コートとシルクハットを主人に渡し、イスを引いてもらい、六八回座ったイスに腰をおろす。同じ料理が出され、一人で乾杯をし、そして、だれもいない席に向って話していた。まるで、全員が卒業時に集まった時と同じ、希望にあふれているように話すのだ。やがて食事がすみ、一人で来年を誓い、一人で校歌を歌って、帰って行ったそうだ。それから何回か途切れながらも続きあるときとうとう誰も来なくなった。最後だったとわかったのは中年の婦人が一人でやってきたという。「長い間父たちをありがとうございました。今年から遠いところで集まることになったそうです。」そしてしっかり店のオヤジを見つめて「サンクスアロット」といって膝を曲げたそうだ。実に上品な女性だったという。

そして次の年からは一人も集まらなくなった。一つの歴史が幕を閉じたのだが、店の持つ歴史は続いているのだ。くだらないようなことだが誰かが知っていてもいい話である。

4　人の徳はじわじわ知られる

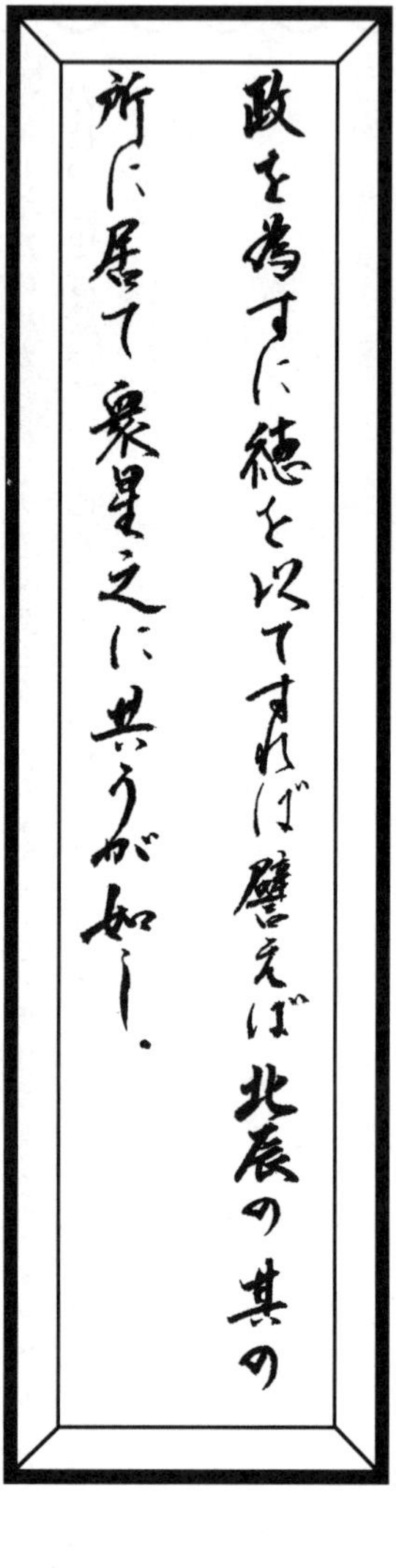
政を為すに徳を以てすれば譬えば北辰の其の
所に居て衆星之に共うが如し。

「政を為すに徳を以てすれば譬《たとえ》えば北辰《ほくしん》の其の所に居て衆星之に共《むか》うが如し」　〔為政《いせい》〕

政治を行うとき人柄で人民に対応すればたとえて言うなら北極星が自分は動かずともほかのすべての星が自分の周りを回るようになる。

【解説】

政治は政策の内容や、損得で行うものではなく、人柄で行うものだと言うことに尽きる。理想としては確かにそうなのだが、どこの世界にも、どんな時代にも「鼻薬《はなぐすり》」という習慣、方法が常識としてある。これをずるい、不公平、薄汚れているとするのは被害に遭った人や理想論者である。その証拠に「論語」に中にも「賄賂」について多く記述され、決して否定はされていない。「義」にかなえば受け取ってもよろしいとする。これは今で言う「賄賂」ではなく正当な社会習慣とみるべきなのだ。厳しく言えば、お中元や、手土産も賄賂になる。この矛盾は人柄ということで解消される。人柄、人徳というものは一緒に居ると元気が出るという、人の香りのようなものなのだ。賄賂については【組織・個人の危機管理】10項「賄賂は正当な社会行為」で詳しく述べる。

最近では人の徳とか、人柄ということをいわなくなった。数値化出来ないし結果も明らかではないからだ。何よりも客観性に欠ける事は仲間内の意識の中では共通に思えるが第三者には通用しない。しかしそれでも確かにあるものだ。こういう人柄とか人徳とかを前面に出し評価することこそ危機管理に繋がる方法でもある。危機に際して最後に頼るのは方法や、理屈ではなく人であることは間違いない。どんなコミュニティーでもこの人ならついて行くという人はいるものだが、そういう人を嫌がる人もいることは事実だ。とにかく危機を乗り越えたとき人に頼ったことを社会問題化させないことである。時に人柄や人徳とは賄賂と同じように扱われるときがある。賄賂を習慣にしている人が人柄で生きている人を見ると、徳を賄賂化して見なし、あらぬ濡れ衣を着せられることがある。だから人柄とはじわじわ分からないように時間をかけて浸透させなくてはならない。

また人柄や、個人の徳性というものは嫉妬されやすい。お金のある人や、地位、人気への嫉妬よりはっきりしないだけに始末が悪い。しかし確実にこういう人がいないと組織は動かない。

確かにそういう人に人は集まってくるし、またそういう人は一部からの悪口の対象にもなる。つまり分かりやすいのだ。このことは仕事が出来るということとは別の宝である。公平平等の時代だがこういう人は公平平等に扱うべきではない。特別の才能とみるべきだ。ただ、業績のようにすぐに明らかになるわけではない。長い時間をかけて組織の中に居場所を作ることこそ組織の基礎体力になってくる。

時には組織を動かし、牛耳るくらいの勢力を持つこともある。それは上に立つものや同僚には鼻持ちならないことであるには違いない。その人がどれだけ本物であり、役に立つかをはかるには汚れ仕事をどれだけしてきたかによる。過去手を汚しながら長い時間過ごしてきたという歴史があるなら危機の時には頼りになるはずだ。そういう人を入れる懐の深さがないとコミュニティーの質は弱いと言える。

一つの例を取ろう。ある組織があり、そこはロケットを打ち上げるような特殊な国がらみの組織である。頭のいい人ばかりではあるが、国に予算をもらいに行ったり、地域住民との交渉はほとんど苦手なのだ。ロケットを上げるときMさんは一番重要なことにいつも関わっていた。それは鹿児島県内之浦の漁業協同組合への挨拶である。ロケット打ち上げの時は漁業が出来ないので相当の保障をする。その話し合いのために打ち上げ前日まで交渉を続ける。交渉といっても相手が土地の漁師さん達なので毎日一緒に漁に出たり、飲み歩いたりすることになる。打ち上げは一日とは限らないので、住民を束ねる漁協の協力は最も大切だという。こういう組織は経済的には何も生み出さないので予算化が難しいのだ。しかし漁協の人達のおかげや、住民の協力で、小惑星「いとかわ」付近の宇宙で一時行方不明になったり、予算カットで危なくなった「はやぶさ」計画も第二弾が飛ぶことが出来たのだ。あのような世界の人達にも存在する危機を回避することが出来た。この人は有名な人だが有名でなくてもこういう人は身近にいて少しずつなくてはならない人になっていく。

〈危機管理人の休息〉……ちょっといい話

ルーマニアの教会（一）

一九七八年私はルーマニアの片田舎にあるプトナという村の教会にいた。ここはゲオルゲゲオルゲデジという体操の女王コマネチの村の近くだと言うことだけで、何世紀も同じ風しか吹かない歴史の止まったような所だった。車で一分も飛ばせば通り過ぎてしまうような大平原の中の村で、何でこんな所に人が住んでいるのか疑問に思う所である。その村の教会はまわりの壁に美しい壁画をもっていた。壁画には一つ一つ説明が描いてあるのだが、それがすべてキリル文字でラテン語だという。この村の住人は話すことばには七割程度がラテン語が含まれているという。ブカレストからついてきた通訳にもまったくわからず、英語にも訳せないという。その英語を聞いて私が訳すのは至難の業で、世界史でも日本では学んでいない部分である。十字軍に関係のある村らしい。

さてその村に着くと日曜日であったため村人のほとんど全員が教会にいた。女性はレースをかぶりひざまずいていた。若い子は涙を流している。たった一つの娯楽ではないかと通訳はいう。敬虔な気分になった我々、小役人集団はとりあえず、まねをしようと思い、ひざまずいて十字を切った。すると奥から血相を変えたシスターというのだろうか、私に向かって「Are you a Katholiek?（おまえはカトリックか）」と声を押し殺して言うのだ。「やべー」と思ってとっさに「I am a Buddhist（私は仏教徒だ）」と答えた。すると、ちょっと来いといって奥の小部屋でこんこんと説教されたのだ。要するに他宗のくせに祈るな、祈るのなら正確な儀式の方法でやれ、といっているようだ。くどくどいつまでも言っているので心配して通訳が入ってきたが、らちがあかない。通訳は通訳で外国人を連れているプライドがあるらしい。そこになんとこの一〇日間ほど一言も話したことがなかった運転手がやってきた。後で聞くと彼はどうも刑期を終えた受刑者らしく慎ましくしていたのだが、義にあつい男だった。

ルーマニアの教会（二）

一目見たシスターさんは身構えたが、彼が丁寧に説明を始めた。結局彼の一言で許してくれたのだが、通訳の言うことには、彼は、この日本人たちは知識レベルが高くふざけているのではない、特にあのリーダー（私のこと）は頭がいいのだ、といったそうだ。一言も話したことがなく、英語もわからない、通訳との会話もほとんどないのに「なぜわかった」と最後に聞くと、「黙っていても一緒にいれば人はわかる」と言った。人は文字情報でわかるのではないのだ。逆に言えば、言葉が通じなくても、さらにそれが子供でも、大人でも、人種が違っても、障害者でも、長いこと一緒にいるだけで人はばれるのだ。

今でもあのことを考えることがある。あのシスターはなぜ怒ったのか。そのときとっさにはここはカトリックの入る所ではない、といって怒ったのだとばかり思っていた。しかしここはカトリックしか入れないのだといって怒ったのかも知れないと考え始めた。キリスト教の知識のない私には今でもわからない。だが同じような田舎である中国なら、決して怒らないだろうと言うことは確信している。これが宗教の差であろう。キリスト教はキリスト他派をおもしろく思わない体質がある。結局許されたのは私が仏教と言ったためであった。あのような田舎であるだけに宗教だけは重大な日常なのだろう。だから人々は平和な心を持っているのだ。神を祈って涙を流す人は今の日本ではあまりいないだろう。

今世紀が終わっても宗教問題、人種問題は解決出来ないだろう。いやすべきではないだろう。住み分け、折り合いをつけるという考えの方が生産的である。世界には言語の壁があり、地形、気候の差があり、そのため習慣の溝が出来て、埋めようがない。だが「友情」「義」「同情」「向上心」という抽象的なことは基盤を共有できる。やはり「孟子」の言うように「利」が世界の諸悪の根源なのかも知れない。俗人の私は今日も「利」を求める。

5 引き継ぎは文字ではなく人から人へ

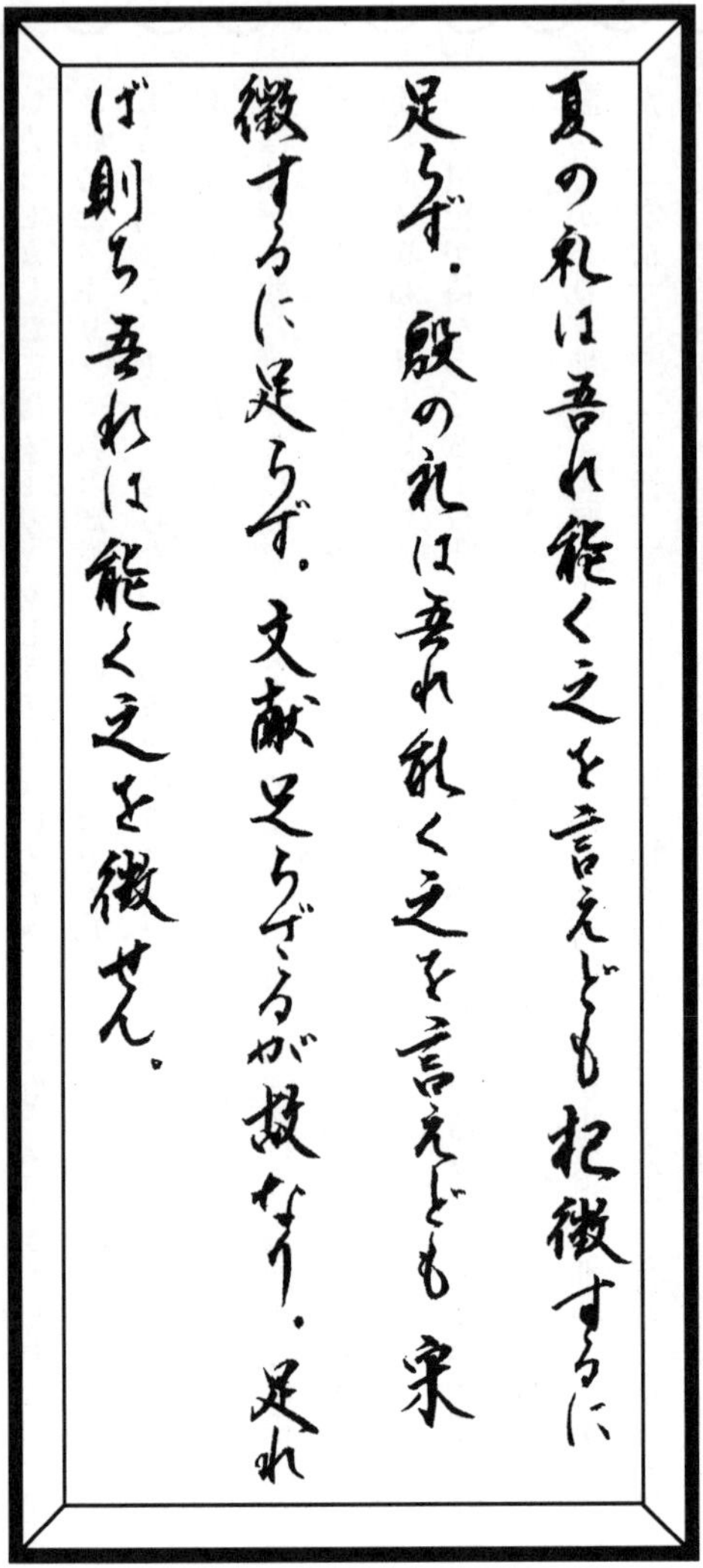
夏の礼は吾れ能く之を言えども杞徴するに
足らず。殷の礼は吾れ能く之を言えども宋
徴するに足らず。文献足らざるが故なり。足れ
ば則ち吾れは能く之を徴せん。

「夏《か》の礼は吾れ能《よ》く之を言えども杞《き》、徴《ちょう》するに足らず。殷《いん》の礼は吾れ能く之を言えども宋《そう》徴するに足らず。文献足らざるが故なり。足れば則ち吾れは能く之を徴せん」〔八佾《はちいつ》〕

夏王朝の礼制度は私はよく知っておりここで言うことも出来るが、夏の遺民の国である杞にその文化を継承する人がいないので、礼の本質については明確にはわからないのだ。殷王朝の礼制度については私は人に話せるほどよく知ってはいるが、殷の遺民の国である宋にその文化を継承する人がいないので、現実の礼の使い方については私もよくわからないのだ。記録と継承者がいないからなのだ。とくに継承者がいれば何もかもはっきりするのだがね。

【解説】

ここで引き継ぎという表現をしたが、伝えるということに他ならない。人は伝えるとき、文字、言葉、図、写真、絵、色、数値、音、香り、空気、振動、などを駆使し行うが、何が行うかが最も大きな問題だ。これらのツールは全て媒体で主体は人とは限らない。だがこのうちで、一つだけ他と同じにならないものがある。それは言葉だ。これだけは人が行うものである。「論語」でもバイブルでも書物というものはそれを声に出して話した人とその言葉を記録した人との二重構造になる。そして話した人は一度きりでその後は存在しない。残るのは書かれた文字である。確かに文字というものは残るし一度に多くの人が読める。時代も超える。しかし孔子はそれを嫌がった。昔の職人さんが自分の秘伝を文字に残すことをいやだったという話を聞く。そこの事情を考えると孔子の態度は理解出来る。

文字として世に広めたいという事よりも弟子を育てたいという事は同じことではなかった時代なのだ。弟子とはあくまでも謦咳に接することの出来る範囲なのだ。見たことも会ったこともない人はいくら自分の技術や思想を継承してはいてもそれは自分のものではないのだ。学問も職人として継承されるという種類のもので他の派閥や考えのものが入り込まれては困るのだ。文字という媒体の発達していない時代のことを必死に忖度してみると理解出来ないでもない。ましてや誰が発信したか分からない現代では容易に理解出来まい。

当時の思想家、哲学者はキリストでも、釈迦でも、ソクラテスでもここまでなのだ。今我々が何らかの媒体で伝えるということは他の要素が入り込んでくる。それは受ける人の思い込みや決めつけという事だ。文字にしたらどんなに正確に表現したとしても内容はずれてくる。時代の解釈も都合よく入れられ伝える人の見識も異なれば、およそ同じようには伝わらない。それほど直接の言葉以外では伝えたとき内容は一人歩きしてしまうものなのだ。そしてそういう誤解を避けるために写真や、言葉の数がどんどん増えてくる。

現代のマニュアル本の分厚さは読めというよりも書いているという責任回避機能が強い。コンピュータの使い方は人に聞いた方が早い。もし麻雀などのゲームの方法を本で初めから学ぶことほど時間のかかることはない。車のチェーンの付け方、料理のレシピなども聞いた方が早い。道を教えることさえもなかなか伝わらないではないか。

今ではペーパレスの時代といわれコンピュータの画面だけでコンセンサスを取ったり、伝えたりしがちであるが、図や数値はそこに現れる人ではない。媒体としての記号である以上文字と変わらない。人の声でも相手を意識していないコンピューターの電子音や、優しいお姉さんでも相手を前に置いていない以上一方通行で文字と同じ効果を越えることはない。企業ではすでに画面上での国際会議や通信は常識だ。一方で予備校でもサテライト授業を行っている。企業の会議と、授業とは質は全く異なる。一方通行では書籍のたぐいと同じだ。会議の場合は人と人との接触は可能だ。孔子も画面上での双方向の授業があれば文字化しても許せただろう。

しかしこんなことは誰でもおおよそは分かっているのだ。時間とコストそして数の問題のため仕方なく文字化して配っているのだ。小さな組織、あるいは大きな組織の小さな部分では人と人との接触は可能な限り行うべきだ。煩わしいとか人と会うのが嫌だということは論外で、直接会って初めて伝わるものがあるのだ。最近の若者にはこの部分を教えないと将来の禍根になろう。大切な商取引をメールで断ったり、謝罪をメールや電話でやったりはIT時代の人は得意なのだ。

ピョンチャンオリンピックの北朝鮮が参加するという表明はTVや電話でもいいが、細かい打ち合わせは直接会って行っている。あれほどめんどくさい関係でもそうなのだから、隣に座っている人に約束の断りメールなど打たずに口で言えということだ。メモでもダメなのだ。こういうことを組織の習慣として通常で行うことはそれだけで危機なのだ。

〈危機管理人の休息〉……ちょっといい話

歴史の受け継ぎ

「歴史」にはどのように対応すべきなのだろうか。どのような扱いをすれば「好き」になれるのだろうか。特に理系の人の伝統的な悩みである。

むかし私はある古い学校の同窓会の役員をしておりその学校の一〇〇年目の時、記念誌を書くという仕事に携わった。それは一〇〇年前から当時までの人の意識を探り発掘し、整理し、残すことである。当然かび臭い書籍の中でめぼしい記事や事件などを有る方針に沿って探し回ることである。その作業の中で数少ないおもしろさとは書籍に書き込みを見つけることである。一〇〇年前はコピーなどなくすべてを筆写しなければならなかったということで、自分のノートに写すとき本にまで書き込んでしまうものなのだ。

今の古い高等学校とは明治三〇年前後に新たに出発した旧制中学が母体になっているものがある。出発当時の図書は旧幕府の藩校からの払い下げがかなりあった。埼玉には川越、岩槻、忍（行田）の三つの藩があり徳川本家に近い大名が住んでいた。そこには藩校があり、多くは歴史や漢文の思想、あるいは兵法などが教えられていた。

ある日私は漢籍（漢文の本）を渉猟することに飽き、虫の食われた和綴じの本をぺらぺらめくっていた。その本は「貞観政要」という七世紀中国の唐の時代の政治や日常に関する言行録であった。ある落書きに目がとまった。それは墨で書いてあるメモ書きの脇に鉛筆書きのものが並んで書いてあったからだ。一人が書いたものではないことはすぐにわかった。「貴君もこの文に行き当たったか、この文を探している人であるなら時代を超えたということになる。」という墨書の脇に「どのような生涯を送った方か存じませんが、たしかに私も行き当たりました。」とあった。鉛筆の質からしておそらく二番目の人から七〇年は隔たっていると思われた。どのような文だったか記録しておかなかったことが残念でならない。こうした意識の連続が歴史なのだ。

民放の力

自然災害の報道は毎年夏の猛暑と冬の大雪、そしていつ起こるか分からない地震について大きく取り上げるが、そのたびにＮＨＫは数字と警報のたぐいの情報を流し続ける。我々首都圏に住んでいるためほとんど身の危険はない。それでも危機の情報を流し続けるのは国民の心配を煽るだけではないだろうか。全く関係の無い歌番組やドラマを放送すると、クレームが来るからだろうか。全国放送としての危機管理が行きすぎた状態ではないかという意見は多い。ＮＨＫは地方局ではない、という事は外さないで欲しい。

一方、民放では一部の切り取りではあるが被災者の意見を色々な角度で編集し、そのためにきめ細かい援助が放送された地区、場所には行き届く。また、ＳＮＳなどのネット情報ではさらにきめ細かい情報が乱れ飛ぶ。こういう情報の氾濫はフェイクもあるだろうが自然災害では大変に役に立つと聞く。報道されなかった地区、場所でも個人的に助けを呼べるメリットは大きい。

この場合、通信と報道とでは法律も使い勝手も全く異なるため災害時はよい方に機能しているようだ。しかし、広島や倉敷、総社市の民放の報道は民意を代表しているものがあった。「地元がこんなになっているのに、家でポテチ食っている場合ではない」という女子高生が報道された。これはＮＨＫにできない民放の力だという意見があった。

6　やる気のない人には教えない

憤せずんば啓せず、悱せずんば発せず、一隅を
挙げて三隅を以て反せざれば則ち復せざる
なり。

「憤《ふん》せずんば啓せず、悱《ひ》せずんば発せず。一隅を挙げて三隅を以て反《かえ》せざれば則ち復《また》せざるなり」〔述而《じゅつじ》〕

学んでやろうという気概がなければ教え諭すことはしない。先生にものを言いたくて言葉を探しているぐらい口をもぐもぐさせて必死にしている様子がなければ、導いてはあげられない。

【解説】

孔子をはじめこの当時の教育する側の姿勢がよく現れている。現代のように教え方が悪いというような教わる側優位の発想はない。誰が言い出したのか、教育においては教師と生徒は対等だ、という考え方は「論語」の中ではない。多くの場合、教える方が知識や経験、あるいは対処の仕方、人を見る目が教わる方より数段上なのに対等あるいは上下関係としては下になっている。この状態で、「敬意」という概念をどのように持ち込むのか大きな矛盾をはらんでいる。普段の信条で対等とか平等とか言う人も年上の人には敬語や丁寧語を使っているはずだ。現代の教育環境では日本語の中に敬意表現が含まれ、年齢に対して一目置くという文化がある。一方、普通に接していても、知識や経験において上の人に横柄な口、ぞんざいな態度を取ることが対等と考える人もいる。

「論語」では敬意表現が古代文法のためよくわからないので、四〇歳も年下の弟子が孔子に対等に口をきいているかのように読み取れるが決してそうではない。日本語に訳す時には自然と敬意を含めてしまうが、そういう上下の会話関係は当然あった。だから、やる気のない奴には教えない。使えない奴は切り捨てるという内容になって現れているのだ。

この部分のように「論語」の態度は鋭く容赦ないところがある。孔子は「公冶長篇《こうやちょう》」で居眠りをした弟子（宰我）に対して腐った木は彫刻できないと言って激しい嫌味をぶつけながらも宰我の言語力は評価に値するといっている。時によって切り捨てはするが仲間として入れておくという懐《ふところ》を持っている。これは教育手段なのだ。日常の平凡な生活の中では師と弟子とは対等ではない事は、外部の力でその地位が左右されない以上、どこの文化の中でも守られている。

しかし教わる、ないものをもらう、という時に「お願いします」という、もらう側の態度は絶対条件ではないか。権力、地位、腕力で差があったとしてもこの文の孔子の言い分は前提だと思う。

平等感覚は組織の内容によっては最も悪く影響する。しかし集団で構成される対象にとって平等と格差とは使い分けなくてはならない。おそらく組織運営においては数値や言葉で表せない暗黙の共通理解事項であろう。学校教育で対等や平等を教えられた人が社会に出てくるという難しい問題があり、またマスコミも世間も何も分かっていない事情を振り回す。危機管理とは能力の格差を正しく認めるところにあるのだ。それはやる気のない指示待ち人間を認めないという解釈でもある。やる気のない人、出来ない人を使わないのは当たり前でそれを早いうちにしなければ傷は大きくなる。

教育現場や自治体のサークル、民主的と呼ばれる活動では出来ない人も、やる気のない人も公平に扱い、平等な成果を求める。これはそのまま経済社会に当てはめると大変なことになる。経済社会は慈善事業ではない。世間やマスコミでは、それでもやる気のない人はやる気を出すような環境作りを求めればよいという無責任な話も正当に扱われてしまうことがある。そこまでは企業や経済活動の組織では受け入れようとはする。しかし出来ない人となるとちょっと面倒だ。例えば能力的に同じノルマの出来ないにもかかわらず障害者手帳を持つとそれは福祉政策として健常者と同等かそれ以上の特別待遇を組織は強要される。

もちろんやる気のない人と出来ない人とでは出来ない人の方が扱いやすい。その人が出来ることを作ってやればいいのだが、やる気のない人はやる気の出る仕事などないのだ。ここのところは早めに対処し、「排除」するしかないのだ。

〈危機管理人の休息〉……ちょっといい話

学問

一九七七年九月、私はケンブリッジ大学セントジョンズカレッジの図書館にたどり着いた。ここでイギリスの中国学の調査をしなければならなかった。夏休みが終わり短期留学とか観光とかの異人種が引いてゆくとここの町はまったく学問一色になる。十カ所以上あるカレッジ群の構内も構外も話もせずに黙々と歩く学究者だけの本物の大学になる。

図書館の扉は中世の彫刻が施され、一〇メートル近くある巨大な壁である。それをあけると中は全くの学問空間であった。壁には鎖につながれた羊皮紙がずらっと並び、おそらく一〇〇人以上座っているにもかかわらず物音一つしなかった。私が扉を開けて立ちすくんでいてもこちらを見る人もいない。やがて一人の老人がいすから立ち上がり私に近づいてきた。

ゆっくりとした明快なキングズイングリッシュで「あなたは、中国人か、日本人か」と静かに聞いた。「日本人です」「あなたもこの部屋に入れないのだろう。私も若い頃はそうだった。ここには何世紀もの間に積み上げられた学問が蓄積されている。そして我々がそれを受け継いでいるのだ。あなたもそれをしに海を越えて何日もかかって来たのだろう。さあ。」といって自分の座っていたいすに私を座らせ、出て行った。

それでも私は落ち着かずまったく仕事がはかどらなかった。すると私の前に座っていた青年が一緒に外に出ようと誘ってくれた。外に出て一息ついた私に彼は「あなたはラッキーな人です。あの人のいすに座れるのだから。私は今の場所に座れるのに三年かかったのですよ。」「あの人はいったいどなたですか」「彼は経済学の教授で、去年ノーベル賞をもらった方です」学問とは人をここまで萎縮させ、成長させ、余裕を持たせるものなのだ。それは高い知識だけではなく、枯れることのない探求心、研究心そして寛大さなのだ。こうしたノーベル賞クラスの現役教授が複数で、知的波動となって、学生を包んでいた。

被災者の意識には二面性がある

東日本大震災はメディアのおかげで多くの実体が手に取るように分かった。メディアで報道されない個別の生活はもっとあるのだろうが、報道されている以上我々は知っていなくてはならない、またその論旨にはいつまでも覚えていなくてはならないという事も強要される。それによって将来の災害の被害を最小限に抑えるという効果を狙っているのだろう。それは「備えあれば憂いなし」という格言からも受け入れられよう。しかし格言には裏も有り、「備えがあっても憂いはある」ものなのだ。現代ではそういうしかたのないことだという民衆意識に反してどこが悪かったのかという原因を突き詰めて探ろうとする近代的な科学意識になっている。

人の社会なら何らかの改善すべき原因はあるのだが相手が自然ではそれができず、できないのにそうしようとすると、誰か、何かが身代わりで責められることになる。それが社会正義とするように報道は進んで行く。そうすることによって解決することはたくさんあるのだが、被害者とは別の所で泣き寝入りする人もいる。こうした全体を落ち着かせるには忘れるしかないのだ。いつまでも記憶に止めておいて欲しいと言ってもそれは被害者の悔しさに対する癒やしになるだけだ。江戸時代、天明の飢饉や方丈記に記載されている事件は、あったことが歴史として語り継がれるだけで、その効果は必ずいつか忘れた頃に天災は起こるよ、と言うことなのだ。そういう風に語り継がれれば良い。

関係者が生きているうちに忘れた方が良いこともある。忘れると言っても記憶からなくなることではない。同情とは意識が向くことだ。これが幸せとは限らない。洞爺丸台風、チリ地震、伊勢湾台風などまだ生きている人が経験した災害もある。その当事者たちは記憶しながら前に進み、立ち直っている人もいるはずだ。弱者を強くする報道もあっていい。

7　世の中に濁りは必要

三人行えば必ず我が師あり。其の善なるものを撰びこれに従う。其の不善なるものをして之を改む。

「三人行《おこな》えば必ず我が師有り。其《そ》の善なるものを撰びこれに従う。其の不善なるものをして之《これ》を改む」〔述而《じゅつじ》〕

人が三人集まればその中には自分を啓発してくれる人は必ずいるものだ。その中で、自分にプラスになる人がいればその人の影響を受けよう。自分にとってマイナスの人には自分はこうなってはいけないと思うようにする。

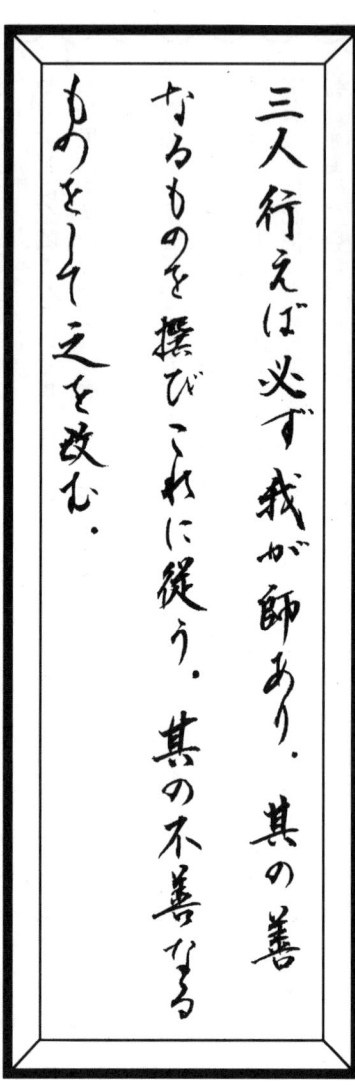

【解説】

これは仏教にある「三人寄れば文殊の知恵」という言葉に似ているが、「論語」では全く異なる。仏教の教えは正しい事柄を求め、それが仏教での正義になる。「論語」でも方向はおなじだが、教える方に正しくない人もいるのだ。それは「反面教師」という考えがあるからで、そうすると悪い人を排除ばかりはしないことになる。この「三人行《おこな》えば必ず我が師有り」の「三人」も一人は悪い人が入っていなくてはならない。そうしないと、我が身を反省できないのだ。反省するための悪い鏡を「論語」の教えでは必要条件にする。

こういう考え方の底には人は善の部分も悪の部分もあるという考えがあることだ。昨日この場合は悪であったが、今日の立場では善であるという人間の社会では当たり前のことを言っている。電車の中で、年寄りが乗ってきた時その車両の人全員が一斉に「おばあさんどうぞ」と言ったら気持ち悪いではないか。「今日は会社で疲れている。ここは寝たふりをしよう。あ、やべー俺の前に立った。どうしようか、絶対立たねーぞ。よろよろしているな。隣のおねーさんが立ちそうだ。ここは男の意地だ。しかしタイミングが悪い。気づかなかったという何か理由はないかな。ええい、『どうぞ』」ところが席を立ったのに「私はそんなに年寄りではない」と言われたりする。こういうドラマがあってこそ人間として多彩ではないか。

マスメディアやいわゆる世間では正しい事、よいとされることを無責任に基準とする。そしてそのこと以外のことを一般の国民は知ることが出来ない。我々が国際情勢、国内の動き、スポーツの結果、文化的な動向などの情報は新聞、テレビ、ラジオ、チラシ、など活字や言葉として伝わる物からしか受け取れない。こういうアイテムを総称してメディアと呼ぶ。たとえば御嶽山噴火で亡くなった家族から自治体に賠償請求する。こういうことの裏にはその起訴や、賠償請求に加わらなかった被害者の真意は伝わらない。国民の多くはメディアのいうことが被害者全員の意志であると伝わる。物事には必ず表と裏がありメディアはそれを報道という方法で独自に決めてかかる。つまり清は正、濁は不正であるとし、不正を排除する方向を持つ。しかし世の中は必ずしもメディアのいう基準の清濁ではない。だから彼らはもちろん清と濁を併せのむことはない。しかし併せのむことをしないと全てメディアの基準となってしまう。

また北朝鮮の拉致問題ではなんと国策となってしまった。知られていないもっと大切なこともあるのではないか。逆に慰安婦問題では日本人が韓国を嫌悪し信用しなくなっているが、韓国全土で慰安婦を問題にしているわけではない。メディアの報道は常に切り取りで、公平なことはない。だから最近ではネットでニュースを見る人が増えたのだ。ネットなら様々な価値を持つニュースが氾濫しもちろんフェイクニュースなどもあって全てを信頼出来ないが、メディアのように誘導されるよりは意識的に安心をする。それはメディアでは清と濁が規制無しに流れるからだ。規制に縛られる不自由と混濁した自由とでどちらが歓迎されるかということだ。規制に縛られる不自由はメディアの最も嫌うところで、表現の自由を以て対抗するが三つの点で賛成出来ない。一つは責任を取らないということ。二つは結果からでしか論じないこと。もう一つは国家として統一出来ないということだ。

一つ目の責任を取らない場合はネットであるなら全てが自己責任となり、国民がしっかりし、甘やかされることはない。これは外国に行けばすぐに感じ取れる。日本人は公助が行き届きすぎていて自分で判断しないで済む平和な国である。

二つ目は結果論での判断は全く生産的ではなく、反省することとしか出来ない。今後に生かすということはまた結果を見ながらでなくては進まない。こういう問題は戦争に関して明確になる。兵隊として取られた人をご苦労様、一人息子を特攻で亡くした家族をお気の毒という論調はマスメディアでは永久に出来ない。国を守るために仕方なく、自分の信念や思想を切り替えて死んでいった人達に対して英国やアメリカ、敗戦国のドイツやイタリアでさえも顕彰するのに日本では「濁」として口をつぐむ。中国や韓国の思惑にびくびくしているマスメディアは日本の会社ならではの特徴である。

三つ目はバリアフリーとか世界中みんな仲良くという考えに限界があることを感じさせない恐ろしさがある。これは三つの中で最も危険なことである。

アメリカは自由の国で日本よりめちゃくちゃなところもあるが、アメリカが一番という意識は国民で共通している。イギリスは伝統、歴史を破壊する安易な譲歩は絶対にしない。中国は中華思想から一歩も出ない。ドイツもゲルマン魂の塊だ。

混濁した自由は非常に危険なのであるが、自己責任と日本文化とで個人的に選択するしかない。今の日本はまだ「武士道」に根ざした独自の文化は存在し、そこは衣食住に関して外国から興味を持たれている最も典型的な部分だ。これが世界皆同じという考えと矛盾しないために清濁併せのむという暗黙の考えは依然として大勢を占めている。ここのところを守らなければ国民や、日本、企業体、家庭の危機は乗り越えられない。

〈危機管理人の休息〉……その通りだよな

お金に臭気無し

熊本地震の時、面白いニュースを読んだ。各地から多くの義援金や支援金が集まった。その中に明らかに脱税や、恐喝で儲けた組織のお金があるというのだ。これは受けとるべきか否か、というニュースだった。これが奨学金とか、報奨金という種類のものであったら、おそらく受け取るべきではないという結果になるだろう。しかし事は緊急で必要性も高い。被災者は問題なく受け取らせてくれという。さすがにそれに対して世間様は口を挟めなかったようだ。

戦後すぐにも同じような話があった。闇米を買わずに餓死を撰んだ検事さんがいた。おそらくどんな程度でも動くお金のよごれ具合を調べればほこりは多少出てくるはずだ。「鬼平犯科帳」にも同じような話がある。盗賊をして盗んだ金で行き倒れや身寄りのない人のために小屋を作った。その盗賊の親分がつかまった。長谷川平蔵は言う。「捕まえる側と金持ちの側、そして施しを受ける側の理屈は異なる。一杯の粥が命を救うことがあるんだ。」親分は江戸所払いとなった。

人の意識の問題ではない。悪い奴でもいいことはするという話でもない。ここで最も大切なことはお金には罪はないということだ。人の世の清と濁とは「正義」と同じようなもので視点や立場によって正反対になる。そういう意味では今の濁りが次は澄んだ水になることもある。ある有名俳優が被災者に高額の寄付をした。マスコミはここそとばかり「売名行為ではありませんか」というと、俳優は「そうだよ、あなたもやったら」と返した。有名な医者が同じ事をした。マスコミが「偽善ではありませんか」という。医者は「俺は持っている金をばらまきたいだけだ」と笑った。世間様というメディアは電車の中に一人老人が乗ってきたら全員が席を譲る世界が正しいというのだろうか。寝たふりもしたい。

8　人を使う

君子は器ならず。

「君子は器《うつわ》ならず」

君子はたった一つの使い道しかない祭器ではいけない。

〔為《い》政《せい》〕

子、子賤を謂う。君子なるかなかくのごとき人。

「子、子賤《しせん》を謂う。君子なるかなかくのごとき人」〔公冶長《こうやちょう》〕

孔子が弟子の子賤《しせん》を評していった。あのような人が君子というのだ。

子賤は孔子の弟子で四九歳年下。孔子に絶賛されている晩年の弟子。子賤の友人に巫馬期《ふばき》がおり、同じ仕事をしていた。しかし巫馬期は毎日苦労しながら勤めるのに子賤は琴を弾いている。巫馬期が聞くと「子賤は私は人を任じている」と答えた。これは人を使えると言うことで、孔子の目ざしていることであった。

【解説】

これらの文だけでは意味がとれないところがある。融通の利く人物がいいという意味だが、何でも出来なければならないということではない。それほど何でもできる必要はなくてもある程度できなくては適材を知ることができない。このことは上に立つ人の最も大切な能力だろう。自分が動き回ってはならない。動き回るといくら人がいても人は力仕事にしか使えず、考えなくなる。逆に仕事の内容を全く知らないようでは人は動かない。

子賤には同輩に巫馬期《ふばき》がいた。彼は能力も高いが、きわめてまじめであった。全てのことを自分の責任でこなさないといられない。だから子賤と同じ事をしても朝から晩まで動き回りくたくたになって一日が終わった。しかし同輩の子賤は琴を弾きながらいつも休んでいる。巫馬期が子賤に尋ねた。「君はなぜそんなに余裕があるのだ。手を抜いているのか」子賤はこう答えた。「人を使うのさ」

日本で人を使うということは上下関係の意味が強くなる。どんな場合でも意識としてそういう関係はあるのだろうが、使われる方にもそれなりに充実感があり使う方は使われる方の質の異なる充実感をコントロールしなくてはならない。最近日本では外国人労働者が増えているが中国古代は漢民族以外の優秀な人材を多く使っていた。これは日本の上場企業の比ではない。「論語」の中でも漢字で表現すると訳の分からない異様な名前がたくさん登場する。これは発音の異なる漢族以外の名前を無理やり漢字で表記したためだ。阿倍仲麻呂もその一人だった。

組織の中で部下を使うということと同時に優秀な頭脳を他から引っ張ってくるということは現代の社会状況では必要であり、危機を管理するのはもってこいなのだ。なぜかというと、日本の会社の経営悪化のほとんどは情実や経営システムを理解しないで儲け主義に走ることから生じる綻びであると言われる。外国人はそういう部分は論理的に冷たく対応することが出来る。全体さえ見えていればモザイクのように人材を当てはめることが出来るということは当てはまらない人を外せる手腕を持つ。

しかしこれは日本の社会には合わないことが多く、規模の小さい組織では「義」とか「誠意」とかも必要になる。だから組織の立て直しには外国人を使うが、安定、持続には日本的に運ぶ必要がある。いずれにしても自分が一人で何でもやって行ったり、使える重宝な人を使い回すということは危機管理としては最も危険である。中国古代はそこのところが歴史的な王朝交代に繋がっている。一人が権力を握るといずれ殺される。他から優秀な人を使うときはその人を外すだけで済むことになる。中国の唐王朝以前にお払い箱になった優秀な外国人官僚は朝鮮半島を通って大和政権をになう渡来人として活躍した人もいるはずだ。最近出土した平城京の木簡によって当時の日本ではペルシャ人がたくさん働いていたという事実が分かっている。

子賤という人も当時の外人であったのかも知れない。だから人を使えたという事も言える。使われる方も生え抜きの何でも知っている古い人に使われるより新鋭に使われる方が安心する。漢族ではなく唐王朝の親戚でも血筋でもない人だから、そういう人が徒党を組んで反乱を起こすことはあった。唐王朝玄宗皇帝の時、地方の役人であった安禄山が反乱を起こしたが、彼はソグド人だったと言われている。誰を使っても使い方を間違えると危険であるのは同じなのだが、日本の組織内部では出向、転職、引き抜きなどで新たな人物が登場するとき、警戒するのも安心するのも同じ事情がある。

★　子賤《しせん》　魯の人　姓は宓《ふく》　名は不斉　字は子賤

〈危機管理人の休息〉……その通りだよな

受けた恩は返す、与えた恩は忘れる

中国古代に四君子と呼ばれる人がいる。斉の孟嘗君《もうしようくん》、趙の平原君《へいげんくん》、楚の春申君《しゆんしんくん》そして魏の信陵君だ。この頃の君子とは義に篤く、多くの食客を雇い、態度が傲慢でなくなど今でも多くの点で上に立つ人に求められる要素を持っていた。四人は全く同時代ではないがそれぞれに君子である中で、信陵君は身分の低い人や乞食同然の老人でも才能を見抜けたのである。「君のためなら死ねる」という言葉はこの列伝の記述から出ている。

とはいえ現代の有能な人との大きな違いは食客という手下を私費で数多く雇っていたということだ。食客数千人ともいわれているため一生にうち一度も使われなかった人もいたらしい。信陵君の手下に風采の上がらない老人がいた。「史記」の中ではわざと名前を挙げていない。他の同じ部分で調べてみると唐且《とうしょ》という人らしい。この老人があるとき信陵君にいう。「忘れるべからざるもの有り。あるいは忘れざるべからざるもの有り」この言葉だけでははっきり分からないので解説すると、「人から受けた恩は決して忘れてはいけない。」こういうことは今でも当然のことで分かりやすい。しかし次の言葉は今ではそう簡単にはいえない。「人に与えた恩は忘れなさい。」

格好言い言葉でありなるほどそうしようと思う人はいるだろうが、そうできることではない。いや、余裕のないときはどんな立派な人も出来ないだろう。この人だけではなくさらにまだまだすごい手下がいるのだ。こういう人は孔子の弟子のように教育目的ではなく使うためなのだ。だから使い切ったとき死んでしまうのだ。人を使えると言うことはこういう所まで言ったのだ。

現代の組織の中にも上手に人を使える人はいるだろう。業績を伸ばしたり、素晴らしい企画を立てたり、ネットワークを作ったりより人を使える人が上に立つべきなのだ。

危機報道か正義報道か

新幹線の車中で殺人が起きた。東京から小田原まででとりあえずおさまった。この報道の意図は何かを論語の会で話し合った。密室での異常者と刃物という危機と、それを止めようとした若いサラリーマンの正義に満ちた犠牲とがある。危機管理という方向では恐ろしさを伝え身を守るとか、事前のチェック体制とかの方向に行く。だが国民の多くは犠牲になった崇高な行為に対する興味だろう。

だが、こういう場合メディアは正義を持ち上げることは一行だけで、多くの行間は異常な行為を伝え、映像を伴うメディアはその悲惨さを映し出す。新聞の記事はほとんどが悪い事件であり、善行や前向きの価値を報じない。メディアとは注意を喚起するスピーカーだけではないはずだ。新聞社は購読者が減り、さらにクレイムや脅しまでも日常になっている。報道があるから大切なんだという使命感の中に閉じているようだ。

亡くなった会社員の家族がメディアに晒されることを嫌がったという事はうなずける。交番で拳銃を盗み警察官と、近くの小学校の警備員を撃ち殺した元警官の事件があったが、この時の小学校の警備員の家族もマスコミを極端に嫌ったという。どんな取り扱いをされても報道に載ったら愉快なことはない。何かに表彰されても話題性をほじくるために余計なことまで書かれて不愉快になる人が多い。メディアは脱皮をするときではないだろうか。報道権、表現の自由という特権を持っているのだからみんなで使いたい。

9 中華思想を見習え

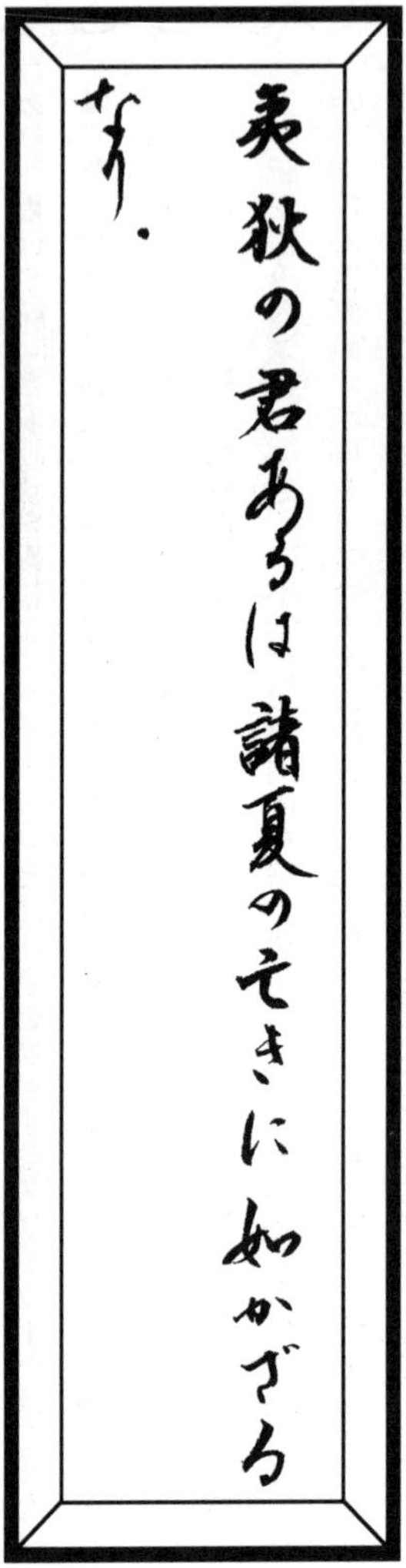

「夷狄《いてき》の君あるは諸夏《しょか》の亡《な》きに如《し》かざるなり」 〔八佾《はちいつ》〕

中国の外にいる文化的に遅れた人たちの中にいくら君子が現れたとしても、中国国内の君子のいないようなどんな国にも文化的には劣るだろう。

【解説】

二〇一五年に典型的な事例があった。中国の習近平主席が首脳会談としてアメリカを訪問した。時を同じくしてローマ法王がキューバからアメリカを訪問した。時期が一致するので、中国当局はアメリカに再三にわたって法王の訪米をずらすように要求をした。ローマ法王より習近平が注目されないことを嫌ったのだ。一人の人間としての世界的影響力は同じようには測れない。もちろんアメリカは中国の要求を突っぱねた。

これより数年前、中国の代表がイギリスでエリザベス女王と会談しようとした。この時も女王が出てこなければ訪英しないとし、女王が寛大にも折れた。その時、サッカーの発祥は中国であると言ったそうだ。

このような中国の一連の動きを見ると、いかにも中華思想は傲慢に見える。こういう調子で自分勝手な主張ばかりをするといつかは落魄すると思われるが歴史的にもしぶとく復活している。経済でも政治でも今ではかなり高い地位を維持している。私たちの考える不正とか非人道とかいわれるものの基準で行動する国が、勢力を伸ばし世界中の足下をすくいつつある。特にアフリカは中国の影響ばかりが目立つ。いつかアフリカの言語がフランス語から中国語になるかも知れない。

こうした中華思想は中国国内にも古代から連綿と続いている。失脚したり、抹殺されたり、排除されたりの繰り返しであった。しかし多少ゆがんでいてもプライドを保ち謙虚という言葉を表面のみに使い、反省はするが謝りはしない。日本ではとても考えられないくらい国内のお互いで態度がでかいのだ。しかし身分差が明確なので態度は越えられない。道でぶつかっても決して譲らないから、お互いに強い態度で通し、結局は自分の地位の差で「しかたがない」「メイファーズ」という引き方しかない。これを国家間にも当てはめてしまう。あきらめと、てなづけを使い分ける。ここは論理ではなく賄賂しかないということは推察出来る。だから立場の上の人はそれなりの態度が必要でそれを変えてはいけないのだ。自然災害で天皇が被災者の前で跪くという事は中国では決していい印象は与えない。エンペラーは威張った態度を通して欲しいのだ。日本では被災地で大臣が長靴を履かずに部下に背負われて叩かれた。これは中国なら部下の美談となる。

こういう習慣を見習えということではない。やたらと謙虚に出ない方がよいということだ。過失には何でも謝ることをマスメディアは強要する。TV画面では企業のトップがそろって頭を下げることが日本の習慣になっている。こんな滑稽なことはない。自分の信じてきたことが世間のさらし者になるのは惨めさで一杯になるだろう。謝るべきではないところは胸をはり偉丈夫でいるべきだ。それは傲慢でも何でもない。下のものは上がいわれのないことで謝ることでどれだけ失望するか。これをしなくてはならない日本社会は異常である。何をしても誰も安心はしないし許してもくれない。それなら自信の誇りだけは保つべきだ。

福島の原発でも誰がどうなっているのか分からないままとにかく謝っている。自分の職務に忠実に動き、専門家は頭を精一杯使った。ほとんどの人は自分の信念に従って行動していた。結果として想定外の津波が来た。想定しないことが過失だという論調は卑怯とも言える。江戸時代なら腹を切っていよう。中国なら姿を消すだろう。

沖縄の米軍ヘリコプター事件では「それで何人死んだんだ」といってやめた政府高官がいた。結果としてマスメディアにやめさせられるのなら自分の信念を貫きながら謝らずにやめた方がよい。卑屈すぎる態度を取るからメディアの餌食になるのだ。これは危機管理ではなく危機対処の方法ともいえる。中華思想は傲慢さの象徴ではなく誇り、プライド、矜持の象徴とみるべきだろう。組織の中ではいくら平等な給与体系だ、公平な人間関係だと言っても自信を見せることは傲慢ではないのだ。

〈危機管理人の休息〉……ちょっといい話

中国の城郭都市『平遙』

山西省の平遙という地方都市は明代のままの城壁で囲まれ、城内の家の造りも一四、五世紀そのままを保存している。平屋の屋根の上には草むらが群生している。

一方の日本では戦時中中国には申し訳ないことをしたのだから、卑屈に生きろと教育されてきた。こういう地方都市でも人々の日本人を見る目は恨み辛みで一杯である。だからとくに未開放の農村や都市を訪れるときには注意した方がよい、と教えられてきた。

一九八八年私の市民講座のおばさんおじさんを連れて平遙に訪れた。私が中国に住んでいるときのお気に入りの都市だった。町の人々は外国人や日本人が珍しく、子供も大人も我々一行を取り巻きながら、ぞろぞろついてくる。ちょうど昼時で、小学生も家で食事と昼寝に帰る時間だった。その時一番前を歩いていたおばさんが私の所へすっ飛んできた。

「先生、なんか変なおじいさんが寄ってきて何か言っているわ。怖いわ。」

他のおばさんもこうじろじろ見られて、何か罪人の行進みたいで嫌だから、早く出ましょうよ、というのだ。とにかく先頭で、自転車を降りて何か言っているおじさんの所へ行き、事情を聞いてみる。

するとなんと「ホワンイン、ホワンイン（歓迎、歓迎・ようこそいらっしゃいました）」と言っているのだ。そして子供達を集めてこの人達は日本という遠い国からはるばるやってきてくれたのだ。日本という国は工業が発達して国民が豊かなのだ、と教えているのだ。おばさん達の顔が、ぱっと明るくなり、にこにこして得意のバッグの中から、飴やお菓子を取り出し、子供達に配りはじめた。「はい、けんかしちゃだめよ」「ならんで」

このおじさんも戦争のことは十分に知っているはずなのだ。しかし過去とは別にこのように現代の日本を正当に評価する人もいる。教養の高い、地方の賢者に違いない。

メディアは翻訳業でもある

医学や、物理学、宇宙探査などでその進歩を報道される。これは危機報道ではないが、経済の報道と同じで実に難解である。量子コンピュータなど専門家でも理解できる人は少ないというのにそれを解説しようとする。まるで専門書である。経済にしてもインフレ二%を達成できなかったとよく報道される。野党はそれ見たことかと攻撃する。しかしインフレ二%が何故悪いのか良いのか我々の日常の具体的な例をもって解説してくれるメディアはない。実際複雑すぎて解説は無理なのだが、我々がインフレというと物価が上がる、デフレというと物価が下がるという部分的知識で判断すると、二%でも物価が上がっていいはずはないと考える。雇用、年金、賃金など細かい影響まで考えない。景気は良いし、雇用は順調、物価も百均や量販店で買えば問題ない。それなのにインフレが必要なのか。

ＩＰＳ細胞ももうあらゆる病気は治るのではないか、寿命はいつまでも延びるのではないかと考えてしまうのが素人である。ノーベル賞もらったのだから立派であるということは分かるが余りにもかけ離れている。

先日我々の千代田論語の会の身内で量子コンピュータの説明会を開いた。やはりほとんど理解できなかった。しかも何に利用出来るかも明快ではない。二%のインフレも解説会を開催したがこっちは分かったような気になった。

こうした学術に関する解説委員をメディアでは抱えていると思うが一般市民の知識といってもかなりの幅があることは分かるが表現を磨いて欲しい。地震、豪雨、軍事など専門に偏ることは多い。天気予報だけは日本人は気象学者である。

10　メンバーズシップを磨く

徳行には顔淵、閔子騫、冉伯牛、仲弓、言語には宰我、子貢、政治には冉有、季路、文学には子游、子夏。

「徳行《とっこう》には顔淵《がんえん》、閔子騫《びんしけん》、冉伯牛《ぜんはくぎゅう》、仲弓《ちゅうきゅう》、言語《げんご》には宰我《さいが》、子貢《しこう》、政事《せいじ》には冉有《ぜんゆう》、季路《きろ》、文学には子游《しゆう》、子夏《しか》」〔先進《せんしん》〕

生活や行いが徳の高さで有名なものは顔淵と閔子騫《びんしけん》、それに冉伯牛《ぜんはくぎゅう》と仲弓だ。雄弁家として知られているのは宰我《さいが》と子貢だ。政事を司らせる才能は冉有《ぜんゆう》と季路だな。学者としての実力者は子游に子夏と言ったところだな。

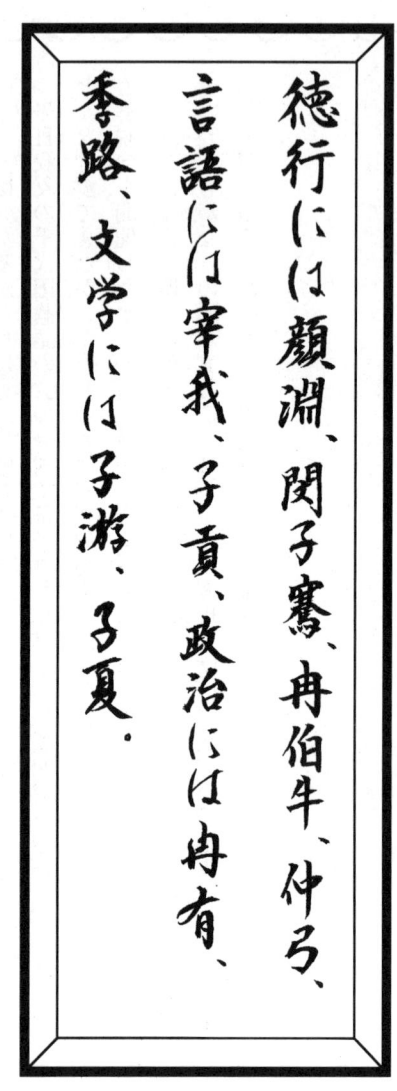

【解説】

孔子の十大弟子のそれぞれの特徴を述べている有名な文である。しかし現実的に考えると腑に落ちないところがある。「論語」を通読してみると善く納得できることであるが、孔子の言葉は問答形式になっているので必ず相手がいる。そして孔子の考えを語らせているのは多くは子貢の問いなのだ。子貢の上手な問いがなかったら「論語」はただのことわざ集になってしまう。子貢はそれほど多く出演している。ところがここで子貢の得意として書かれている分野は言語だけである。確かに「論語」以外の書物にも子貢の交渉能力が書かれており雄弁だったことは間違いない。ということは政事にも文学にも挙げられるべき秀才なのだ。

孔子の弟子たちは誰がどこの国に行って仕えてもその国を動かしたり、立て直したり出来るくらいの人材の宝庫であった。孔子殺害計画は「論語」にも出てくるが、それほど他国に使われては危険だったのだ。

そのためには武力でディフェンスするよりも才覚や能力のある部下で囲いを作ることである。そのためにも一人で多くの才能を発揮してはまずいのだ。才能を持ってはいても潜在させているところが強いのだ。これが組織の最も強い危機管理システムだ。

ここの話は8項の「人を使う」と関連するのだが、本来優秀な人材は多くのことが出来てしまう。だが一人でマルチに動いては組織が成立せず世代の受け継ぎや連続も不可能になる。人の能力にはかなりのでこぼこがあり、それを均すために8項で述べた人材をモザイクのようにはめ込むことが必要になる。それが出来る人が管理職なのだが、そこには自分自身も高い能力が必要になると同時に人格や人徳が問われてくる。この章に上げた一人一人が歴史を動かすような人材でその人達を使うのだ。そういう人がいったい何人いるだろうか。実際はいやしないのだ。孔子もそれほどの高い人物ではないと思う。

それでは何があったのだろうか。ここにいる一人一人がメンバーとしてリーダーシップを発揮するように動いたのだ。つまり相手に合わせようとする意識、出すぎないようにする配慮だった。これは能力の高い人に限って難しいことだがそういう人にしか出来ないことも確かなのだ。お互いに尊敬出来る何かを持たねばならない。その上に普段からメンバーズシップのあり方教育は必要欠くべからざることで、集団の組織には必ずリーダーはいるものだがメンバーはいないのと同じなのだ。

リーダーを作ることを目指す書籍や講演は世の中に有り余るほどあるが、メンバーを作り上げる方法手段は省みられることはない。この手腕は管理職の第一歩になる。どのようにすべきかは簡単なことなのだ。メンバーになったときメンバーとしての自分を抑制するあるいは他と調和するようなリーダーシップを内側に向けて発揮するのだ。リーダーシップとは他者を動かしたり、組織に影響を与えたりするだけではなく自身の中に住むもう一人、もう何人かの自分を統治することになる。これを内省と呼び誰でもできることなのだ。

★　顔回《がんかい》（回・顔淵《がんえん》）　魯の人　姓は顔　名は回　字は子淵《しえん》

孔子の弟子で三〇歳年下。孔子が最も気に入っていた人。徳が高く、行動が徳にかなっていて、孔門では模範的な人物。四二歳で孔子より先になくなり「論語」の中に異常な嘆きが表現されている。

★

閔子騫《びんしけん》　魯の人　姓は閔　名は損《そん》　字は子騫

孔子の弟子で一五歳年下。物静かで温厚であった。孔子は徳の高さで評価している。一五〇年後の孟子は親孝行でほめている。子どものころ真冬に馬車を操るとき、継母に凍えさせられるといういじめにあってもじっと我慢をして継母をかばったという逸話が有名。

★

冉伯牛《ぜんはくぎゅう》　魯の人　姓は冉　名は耕　字は伯牛

孔子の弟子で七歳年下。孔子が魯の司寇になったとき魯の中都の宰相となって手腕を振るった。弟子の顔淵、閔子騫、仲弓とともに人格者であったと言われる。ハンセン氏病だったらしい。

★

仲弓《ちゆうきゆう》　魯の人　姓は冉《ぜん》　名は雍《よう》　字は仲弓《ちゆうきゆう》

孔子の弟子で二九歳年下。非常に寡黙で重々しい動きをした。孔子に言わせるとぶっきらぼうであったと言うから何をやっても不器用だったのだろう。しかし人柄は超一級で一国の君主にしてもいいくらいの資質を持っているという。別の本では「物欲しそうな顔をせず、人を使う時にへりくだり、八つ当たりをせず、人を怨まず、昔の過失はほじくらない」とある。これで口数が少ないというと取っつきづらいとも言えるだろう。江戸の町人をお金も取らず助ける徳の高い頑固者の町医者といったところか。

★
宰我《さいが》　魯の人　姓は宰　名は予《よ》　字は子我《しが》

孔子の弟子で年齢ははっきりしないが周囲との人間関係から二九歳年下とみられる。子貢と並んで弁の立つ人。しかしものをはっきり言ったり、怠けたりと孔門の異端児だった。「論語」の行間から読み取ると優等生ではないが孔門の十哲に撰ばれているように一目置かれていた。現代で見てみると、橋本元知事のような人だったのではないか。

★
子貢《しこう》　衛の人　姓は端木《たんぼく》　名は賜《し》　字は子貢

孔子の弟子で三一歳年下。孔門の第一人者。弁舌が巧みで外交交渉では大きな仕事を次々にこなした。聡明で「論語」の中に最も多く登場し孔子の信頼もうかがえる。孔子の思想を質問によって引き出させ、それが後世に伝わっている。また利殖の才能があり、孔子の放浪中の経費や外国の高官に会うためのお土産、貢ぎ物は彼の調達であった。また孔子が亡くなったときの葬式費用一切をまかなった。孔子は有り難かったが多少苦々しくもあったようだ。現代で見ると司会の久米宏、石坂浩二のような人だったかと思われる。

★
冉有《ぜんゆう》　魯の人　姓は冉　名は求　字は子有《しゆう》

孔子の弟子で二九歳年下。性格は謙虚で温和だが消極的な人物であったらしい。孔子のそばで子貢とともにいつもにこにこしていたといわれる。子路とは反対の性格でも政事には向いていた。魯で孔子が敬遠する季氏に仕えていた。冉有も季氏での政事は気が弱かったため、長続きはしたが、口を挟めなかった。

★

季路《きろ》（子路《しろ》）　魯の人　姓は仲《ちゆう》　名は由《ゆう》　字は子路または季路《きろ》

孔子の弟子であるが九歳年下で他の弟子より孔子の友人に近い。孔門の中で最も武勇に優れており、それだけに行動は早い。多少は思慮に欠けるが、正直で誠実、物理的な危機には最も頼りになった。現代で見ると徳光や高田純次が強かったらこうなるだろう。

★

子游《しゆう》　呉の人　姓は言《げん》　名は偃《えん》

孔子の弟子で四五歳年下。魯の武城の代官になり、孔子の教えの「礼」と「楽」で治めた。子夏とともに六芸を後世に広め特に文学という科で認められた。

★

子夏《しか》　衛の人　姓は卜《ぼく》　名は商　字は子夏

孔子の弟子で四四歳年下。文学の才能があり、六経（礼・楽・射・御・書・数）を後世に伝えた立役者。弟子（孔子の孫弟子）が多く長寿でもあったため、孔門を大きな学派として成長させた。自分の子どもを亡くし悲しみのあまり盲目になった。

パブロ・カザルス命の演奏

二〇世紀世界には二人のパブロがいた。一人は画家のパブロピカソ。もう一人はチェロのパブロカザルス。二人とも第二次世界大戦後のスペイン内戦で苦労して他国へ亡命した人たちだった。私はこのうちのパブロカザルスの最後の演奏を聴いたことがある。それは一九七一年一〇月二四日の国連での演奏会であった。

その時はバーンスタイン指揮のニューヨークフィルだったと思う。一曲終わった所で人に支えられたパブロが登場した。もうすでに九〇才を超えていたと思う。指揮棒を持っていたのでそれなりに有名な曲を振ったのだと思う。それから、いきなり演奏の途中でタクトをおろし、譜面代をたたき出したのだ。まるでリハーサルの時のようだった。そこにいるオーケストラのメンバー達も何が起こったのか分からず、おろおろしていた。

するとパブロは各国大使の方に向き直って、ものすごいスペインなまりの滑舌の悪い英語で話し始めた。後のニュースでテロップがはいったので分かったが、その瞬間は単語しか聞き取れなかった。こう言ったのだ。

「ここでいくら平和を願う曲を演奏しても私たちの祖国では戦火の中なんだ。だが、私が子供の頃カタロニア地方は平和で、美しい鳥があちこちでさえずっていた。」そして息をハアハア言わせあえぎながら「カタロニアの鳥はこう鳴くのだ」と言ってタクトを空中に振り回して言った。「ピース、ピース、ピース、ピース」コンサートマスターが立ち上がりその身体を押さえた。「私は今日、最後の演奏をする。もう一生チェロは抱かない」と言って、第一チェロの人からチェロを借り、スペインの「鳥の歌」を弾きはじめた。音程はズレ、メロディーも不正確だったが、口で歌いながらの命がけの演奏だった。会場の大使達は寂として声を発する者はいなかった。その数ヶ月後に亡くなった。その後レコードやＣＤとなって美しいメロディーの「鳥の歌」が発売されたがそれは美しいだけの演奏だ。あの魂の演奏をもう一度見たい。

11　ユーモアで笑いを取る

「吾れかつて終日食らわず、終夜寝ず、以て思う。益無し。学ぶに如かず」〔衛霊公《えいのれいこう》〕

私はある日、一日中ものも食べず、一晩中一睡もせず物を考えたことがある。こういうことは意味がないことが分かった。師から学ぶことの方がずっといいね。

【解説】

西洋の論理学を孔子がもし知っていたのなら強烈な皮肉になったはずだ。中国の学問が思考ではなく知識であることの証拠になる部分だ。弟子に対して自分で考えずに言うことを聞け、と言っているのだ。中国の勉強は今でも予習という習慣が少ない。だから文系偏重になるのだ。その教えを飯も食わず、夜も寝ずというユーモアで伝えているのだ。一種の軽い皮肉である。

このように中国の伝統的なユーモアとは「論語」に見られるような皮肉が多い。例えば孔子の口癖だが「あいつがあんなことやるんだったら、俺はここまでできる」という抑揚表現。あるいは「そんなことは放っておけ、天は黙って見ているよ」という無視や切り捨ても多い。さらに「そんなことやるのは私たちの仲間ではない、攻め滅ぼしていいのだぞ」という過激な抹殺は性格をよく表している。あるいは「もっと気を入れて勉強しなさい。お前が女性に入れ込むくらいにやればなあ」などという柔らかいジョークを二回も言っている。

こうしたユーモアは「論語」の至る所に出てくる。我々が膝を叩いて喜ぶようなものばかりではないが、孔子もコミュニティーに対して気を遣っていたことがわかる。あまりマスコミなどでは紹介されてはいないが今でも中国人は運転手、農村のおじいさん、少年、道を掃いているおばさんなど老若男女を問わずこうしたユーモアを持っている。ただ公式な場ではほとんど言わない。ユーモアに論理はないからだ。その代わり公式の話には古典の故事を使う。それほど見た目や形式にこだわる。メンツを大切にするのはこういう国民性からもうかがえる。

いずれにしても言い方は強い皮肉に満ちており、イギリスのジョークに近い効果がある。かつてチャップリンはある人に「私が拍手喝采を受けるのは私の言っていることがみんなに分かるからだ。あなたが拍手を受けるのはあなたの言っていることが誰も分からないからだ」と言った。これはアルベルト・アインシュタインに言ったものだ。ここには皮肉と尊敬が最高に配合されている。日本人は英国にも中国にも学ぶところがある。

しかしあまり皮肉に近いと日本では拒否反応になる。日本では神経過敏な人が反発する事柄でも笑いを取るユーモアとして相手に投げかけると、外国では同じコミュニティー内部なら、開き直りにもストレス解消にもなることがある。やたらと寒い洒落ではなく、分別くさい教訓に繋がる警句でもなく、明るさを呼ぶさわやかな言い方、話題というものがある。男性でも女性でも旅行先や仕事上での失敗談は心に余裕や豊かさを醸し出す。男性の場合には自分は損しても他人のためになったという義理人情やペーソスの利いた話題、女性にはイケメンや、他愛のない悪口、ショッピングでの儲けばなしなどは持ちネタとして話せる準備は大切だ。

また日本ではとんちんかんな受け答え、つまりボケというのもユーモアの大切な要素だ。「TVで救急車が走ると、どこだ、と近所を見回す」「あそこのゴミを出す日に『やせるゴミ』というのがあったぞ」「バカ、あれは燃やせるゴミだ」ガソリンスタンドにタンクローリーが止まっていた。「あんなにガソリン入れてどこまで走るのかしら」を説明するとユーモアでなくなる。俳句にしたものはウイットが効いている。「良い医者を待合室で教えられ」など私的な場ではいくらでもあるではないか。

こういう言い方を許容する知的なあるいは節度ある雰囲気はコミュニティーの結びつき、組織内部の危機管理として有効である。特に孔子のように立場の上の人が行う興味深い話題は溜飲の下がることがある。全員が目標に向かって脇目もふらず邁進することだけが組織の安定化に繋がるものでもない。また「きちんと」と「しっかりと」という今では政治答弁になっている用語をそのまま生活言語として、あるいは友人間のかけあいとしてつかうほど他人行儀な雰囲気は危機を管理出来るはずはない。マスメディアで使われる言葉は危機に対処することしかできない。

〈危機管理人の休息〉……ちょっといい話

国際性

今から数十年前になろうか。英国のチャールズ皇太子が来日したことがあった。まだダイアナさんと結婚する前のことである。彼らの一行が京都を訪れ、桂離宮を見学した。いくら外国の皇室だとは言え、日本の建物なので、靴を脱がなくてはならない。しかしヨーロッパ人は普段寝るとき以外靴は履いたままである。つまり人前で素足のままベッドの前に立っていてはいけないことになる。靴を脱いだ皇太子は靴下で畳を歩かなくてはならない。一〇〇年前なら屈辱と写ったかも知れない。しかし日本人の意識は別の所にあった。

そんな光景をテレビが映した所、皇太子の靴下に穴が開いていたのだ。次の新聞はそのゴシップで大騒ぎになった。週刊誌などは「イギリスの皇室はあんな靴下をはかせているのか」という論調であった。やがてそのことについてチャールズはコメントを述べた。「これは外国に行くとき代々穿き継がれている靴下で、ヘンリー八世のものです。」彼は一六世紀チューダー朝のイングランド王である。これを聞いた日本人はすごい、やはり英国の伝統とは日本とは違うと考えがちである。ところが伝統が長さだけで測るものなら、日本の方がはるかに古いということは当然である。ちっともすごくないのである。

日本人がこのコメントを聞いてどのような対応するかで国際性は暴露される。これは彼独特のジョークなのである。本当にあんな靴下を穿き、しかも洗濯をしたとしても靴下が四〇〇年ももつはずがない。日本人にはこのジョークがわからないのである。もちろんそれに返すジョークは思いつかないだろう。日本の国際教育の一番遅れている点はここなのである。「あれ、物持ちがいいですね、私の使っているこのマイクも実は織田信長にインタビューしたものです。」と言ったら、不謹慎という電話がかかってくるだろう。トイックで九〇〇点を取ろうが、センター試験で満点を取ろうが、大人の会話は出来ないのだ。

少子化は危機ではない

少子高齢化は深刻な問題とされている。確かに高齢化は深刻である。高齢者の自動車事故。徘徊老人。災害時の逃げ遅れ。医療費の増大。特養老人ホームの殺人。病院の殺人。また相続や空き家の管理、土地の所有なども高齢化問題のうちだろう。世の中は待機児童を騒ぐが深刻さの度合いは高齢化の比ではない。待機児童は母親対策に他ならない。老人問題に世話をする子ども対策という意味は薄い。親の世話は第三者の方が良いに決まっているからだ。これから増え続ける高齢者への施設、介護の人的確保は企業戦略として新たな成長ビジネスになる。

しかし少子化はそんなに問題なのだろうか。年金問題が最も影響するだろうがそれは財源の問題だから別の方法も考えられる。中国は人口を減らそうと取り組み、一人っ子政策まで行った。イギリスと日本を比較すると人口の差によって豊かさという点では日本はイギリスに勝てない。中国古代の老子という思想家も「小国寡民」が理想だという。日本の場合人口が少なければもっと豊かになれる。その過渡期が多少苦しいだけなのだ。

人口が多いと階級を付けなければ国家は運営できない。それは中国やインドによって現実に語られている。アメリカでも、ソ連でも移民や宗教、職業の格差によってなんとか動いている。日本はそういう国に比べれば階級も格差もないに等しい。確かに被害者意識を持てばどこにも差は出てくる。他国は努力目標でなんとかならないほど格差は激しいのだ。少子化は危機と捉えず、政策で五〇年しのげば解消する問題であるというのが千代田論語の会の結論である。

12　発想は盗み、盗まれるな

賢を見たら斉しからんことを思え．不賢を見たら内に自ら省みるなり．

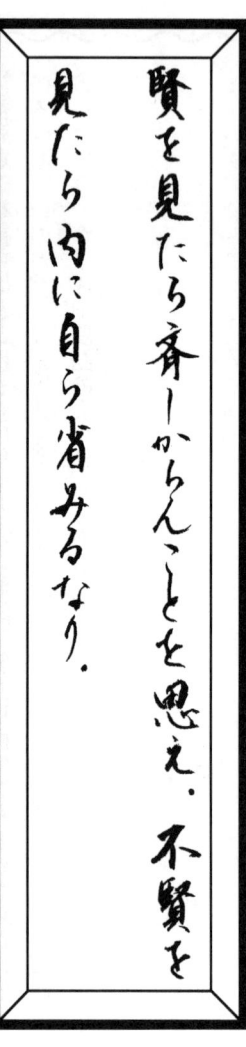

「賢を見たら斉《ひと》しからんことを思え、不賢を見たら内に自ら省みるなり」　〔里仁《りじん》〕

賢い人を見たら自分もそうなろうと思い、愚か者を見たら自分はそうなるまいと思う。

【解説】

他人をまねろ、という当たり前に誰でもうなずくことであるが実はそうでもない。ここで言う「不賢」もある意味で愚かなことをやるが普段は賢者であることもある。全体としてはつきあえる範囲にいるわけである。世の中全員が善人をめざすなどと言うことよりはるかに現実的で生産的である。人は気分によって変わるのだ。

そういう緩い枠組みの中で「他人のいいところをとれ」という項目を解釈すると、まねでもパクりでもいいことになる。中国には国際的に通用する版権はない。いやあるのかも知れないが機能していないことが多い。何でもかんでもまねをする。そのうち便座も作られるのは間違いない。多くは粗悪品で故障ばかりだろうが、ミッキーマウス、ドラえもん、書籍、食品、CD、靴、服、時計、何でも出回っている。

一昔二昔前は日本人はまねが上手と言われ世界中から批判されたことがある。当時日本には「ADIDOS」などというスポーツシャッツもあった。今や上海では堂々と偽物と銘打ってエルメスや、ローレックスを売っている。日本人は恥ずかしいからすぐやめたが、中国では売れればいい、もうかればいいということは企業の感覚からは許されるのだ。「他人のいいところをとれ」とはそういうことだと解釈すればそれはまねではなく「学習」という解釈にもなる。言葉を換えれば向上心があると言い換えられる。

革命後の中国では「臆面」という概念はない。法律が浸透しづらいという面ももちろんあるだろう。国策として法律の規制より経済効果の方を執るからだ。問題なのは経済効果がなくなった時、どうするのかということになる。今まさにその時期だが、中国の人は考えのブレはない。在庫の山を捨てて次のことをはじめる。また人民政府もそれを奨励する。後始末の法律が少なく、あっても機能しないというのはこれほど身軽かと思われる。国内のゾンビ企業や倒産が相ついでも宇宙開発や海のシルクロード、一帯一路などという構想や分野を次々に打ち立て新たな企業開発をする。国外では東南アジアの国に土地を借りカジノを作って中国人投資家や人民を住まわせ続ける。中国では人が国外に出ることは歓迎するのだ。外国で起業せよという意味である。

中国国内に巨大なゴーストタウンはすでに二〇年前から存在する。はじめは辺境のダム建設で都市機能を持つ地域を造り十数万の人を送り込み建設が終わると、鼠一匹住まず、砂漠の砂に埋まる。そこはがれきを処分する必要もない、放っておいてもかまわない。こういう環境がこの言葉の本当の意味をわからせる。

シンガポールに高層ビルの屋上に客船の載る大きなホテルがある。ものすごい発想である。日本のような規制があるとあのようなビルはできない。もっと驚くことは北朝鮮にも同じホテルがあるのだ。まねをしたのか同じ企業が作ったのかうり二つの近代的ホテルだ。人気が出ると思えば何でもまねる。ディズニーランドも同じだ。タイに日本からの戦後支援で大きな川に橋ができ、地元の人はそれを喜び「日本人橋」と呼んだ。するとそのすぐ脇に中国の企業が同じような「中国橋」を作った。こちらは有料であると聞くが確かめていない。

日本の企業でここまでやったら問題だが、組織の中でまねをするということは勉強になるのだ。若い人がＰＣ、ＩＮＳを使いこなすのなら、年寄りもそれをまねし使えるようにすべきだ。その逆もある。ＰＣの一番の欠点は思考力が落ちることだと言われる。今まであった物なら何でも対応するＰＣでもこれからの物を発想することはできない。ＡＩを小さな組織が用意するにはまだ時間がかかる。年寄りにはその思考力があるのだ。それをまねるにはどうすればよいかというと、例えば何でもコピーをして分かった気になるより、全文を筆写すればいいのだ。確かに合理的ではない。だが合理には思考はない。筆写しているつまらないと思われる時間の流れのなかで、年寄りは読み書き、内容の検討もしている。

多くのメモを煩雑にテーブルの上に並べていて整理の付かない年寄りでもどんな内容のメモがどこにあるかを知っている。時間をかけるという「合理性」の中に思考力が養成される。毎朝社是を全員で発音する。だから身につくのだ。こうしたできないことをまねようとすることが組織を救うことがあるのだ。職人には危機管理はないのだ。

ほとんど規制のない中国人企業の発想は新鮮である。それは他をまねる中から生じている。そこには日本の合理や効率はなくもっと泥臭い。日本の組織の過失や問題の多くは合理性の中から発生することが多い。合理と効率の間に存在する隙間は危機管理の最重点部分である。

〈危機管理人の休息〉……ちょっといい話

新鮮

「新鮮さ」とはなんだろうか。反射的に多くの人は果物、魚などの口に入るものを連想する。しかし日常の中には感覚的な物が多くそれを感動と呼ぶ。視点の異なるものまで考えの中に浮かべてほしい。

もう四〇年も昔のことになる。ある暑い夏の昼下がり私は大使館のたくさんある麻布界隈を歩いていた。人通りはほとんどなかった。そこに一人の大きなリュックをしょった外国人の若者が何か叫びながら交差点の信号を渡ってきた。「Can anyone speak English?（誰か英語を話せないか）」「お、よしかっこつけよう」と思って、彼の目を見ながら点滅し始めた信号の手前で待っていた。当然あのシチュエーションでは彼も私を目指してきていたのだった。私が息を吸い込んでことばを発しようとしたその瞬間だった。「May I help you?（もしもし、どうなさいました）」彼が渡りきったとき、なんと横から、日傘をして孫の手を引き、着物を着た上品なおばあさんが、彼に向かって答えたのだ。手を引かれた孫も目を丸くしておばぁさんを見上げている。「大使館はどこだ」「今昼休みだから開いていない」「このあたりに休む所はないか」「坂を下りて右に曲がった所に交番があるから、そこで聞け」このような英語のやりとりだったと思う。おばあさんは日傘をたたみ丁寧に両手を前にそろえ「お気をつけて」ときれいな日本語で去っていった。私は凍り付いたままで固まっていた。しかし何か「新鮮な」感動を覚えた。

ここにも人の新鮮さが漂っている。私に限らずこんな年寄りが、しかも着物を着ている日本風の明治を背負ったような人が英語を操るなどとは考えもしないだろう。人は文化が変わると目に見えるもの、認識するものが変わってくる。我々がケニヤに行けば我々の見えないものを彼らは見ている。中国の農民をいきなり浦和の駅前に連れてくると、おそらく交通事故を起こすだろう。我々の見えているものが見えないからだ。私にはそのとき、偏見によっておばあさんの存在が見えなかったのだ。これは気持ちの新鮮さだった。

13 人の価値は集団で決まる

人の過つや其の党においてす。過ちを見て斯に仁を知る。

「人の過《あやま》つや其の党《たぐい》においてす。過ちを見て斯《ここ》に仁を知る」

〔里仁《りじん》〕

人が過失を犯すのは多く同じ仲間の中である。その過失を見て仁の程度がわかる。

【解説】

人は気心の知れたもの同士の集団の中では倫理的な歯止めが甘くなり過失を犯すものであるということだ。個人で行動するならば緊張するためそう簡単に間違いを犯すことのないことでも、知り合いが多いと気も大きくなるものだ。その行きすぎの度合いによってその人の価値が推し量られる。ここでは知り合いの仲間を意味し、面識のない人々の中という意味ではない。知らない人ばかりであれば緊張の度合は増す。そうなると逆に過失は犯さないように振る舞う。個人的にいくら立派であっても集団の中に入ると評価はまちまちになる。それでもみんながいいという人が本物の価値を持つ。

一方で、何でも個性という時代になった。歌の上手な人。足の速い人。身長の高い人と同じように障害者もその仲間だ。反社会的勢力をも個性に含める風潮が一部にある。しかし社会的な前提となる考えは、個性とは一般化しないと個性にならないということだ。一〇〇メートルを九秒台で走る人が無人島に暮らしていては意味がない。社会と何らかの対応ができて初めて個性と呼ぶ。その社会集団が能力を認めれば個性と言えるわけだ。つまり質の高い社会はそのメンバーによって様々な個性に息を吹きかけることになる。そうなれば様々な局面でその集団の能力が知恵を出し合い危機を救うことに繋がる。しかしどういう集団を質が高いというのかは危機を回避したときに初めてクローズされる。

こうした結果論では初めからの対策にはならないことはいうまでもないが、一つ言えることは危機を救うような個性とは集団の構成員の数と比例するのだ。つまりは集団を扱うことの得意な、あるいは好きな人や、何でも仕切りたい人は貴重であるということを忘れてはいけない。何らかのグループワークをはじめるとき中心になりたい人、中心になる人を推薦したがる人は必ずいる。常に集団の質を考え、イベントをやりたがる人がいるということはそこに歯止めをかける人も存在するということだ。コントロールされた集団の中で人の価値は決まる。

またよく企業で言われることだが、「地位は人を作る」という真理がある。あいつが部長になったんじゃあ会社はいったいどうなるんだ、などというやっかみとも心配とも付かない気持ちは時間がたつにつれてだいたいは払拭される。時代が変わるにつれて要求されるもの、めざすものも変わる。そういう変化には地位という立場が対応してくれるものだ。この地位とは点ではなく集団と考えられる。集団の上に立つ一点は集団の質によって評価される。逆にいえばその一点は集団の質によって形成されるのだ。それは集団の質の善し悪しが一点に立つ人の価値を決めるとも言える。

また、素晴らしい講演があったとする。それは講演する人はもちろんだがそれ以上に聴衆の質で決まる。講演する人はどのような人が、何人ぐらい集まるのかを主催者に必ず聞く。そしてそれに合わせたレベル、内容を考えるものだ。それは講演者は自分で話すことよりもっと大きなものを持っているはずなのだ。その大きなものは講演後の質問の中で引き出される。「論語」が現在まで生き残っているというのは孔子という人の資質もさることながら、問答によって引き出した弟子たちの功績は大きい。その中でも子貢という弟子の質問によって孔子は自分でも考えられないような価値を引き出されたのだ。つまり孔子の個性は「論語」という本によって作られたともいえる。この本の中に書かれている言葉によって歴史的にどれだけの人を救い、危機を乗り越えたか知れない。

このように集団はうまくいけば人の価値を作り上げるが、実は破壊もする。上に立つものが自分の取り巻く集団を見極めなかったがために失脚したり、メディアに刺されたりする。3項で述べた「内部告発」はこうした集団の中に潜む不平不満分子を刺激してしまったのだ。集団を扱うときは十分注意し、地位が高くなるにつれて受けや笑いは格調高いことだけにした方がよい。学問的なこと倫理、哲学的なことでうなずかせたり、共感を持たせることに限った方がよいということだ。下手に文化的、メディア的なことを口走るとそういうものに真理がないだけに受け取る側は揺れることがある。

〈危機管理人の休息〉……ちょっといい話

災害の時代に生きる

三年前の三月一一日の東日本大震災は歴史に残るものであっただけに、それを経験した私たちはＶＴＲや、写真、その他の映像ではなく主観を交えた言葉でその時代人がどう感じたかを伝えねばならない。そうしないと一〇〇年後に伝わるものは何かが欠けたものになるだろう。私の震災はある体験が象徴していた。

東名高速道路に海老名というサービスエリアがある。震災後、各県の消防隊員、自衛隊員が交代で瓦礫の撤去や捜索に当たった。それはものすごい重労働でもあり、においや汚れ、さらに精神的にもこれほどの過酷な作業はなかったと聞いている。

海老名のサービスエリアで静岡県の消防隊員が東北へ行った帰りがけだろうか。休憩をしている光景を見た。もう午後の八時を過ぎていた。オレンジ色のユニフォームには静岡県消防署と書いてあった。そしてそのオレンジ色の制服が泥だらけなのだ。二階の食堂で二〇人ぐらいが全員カレーを食べていた。夏休みのさなかで店は混み合っており、子供連れもかなりいた。しかしその隊員たちのそばにはだれも近寄らないのだ。においがきついのではない。そばに寄ってみるとすぐにわかった。カレーを食べながらほとんど全員が居眠りをしているのだ。声をかけられる状態ではない。疲労困憊なのだ。

多くの人が遠巻きに見ていたがその中で、小学生を連れたあるお母さんが子供と共にそっと深々とお辞儀をしている姿があった。おそらくそれが精一杯のできることであり親が子に伝える最高の教育であっただろう。消防隊とともに母親も立派だった。

ボランティアの人も活躍した。善意というお金もあった。だが、公務員である自衛隊や消防隊員にメディアは目を向けない。それは当たり前、仕事だと考えるからだ。北の方からミサイルが飛んできた時「金はらってんだから、おい助けに来いよ。」とアメリカに言うようなものだ。9・11ではレスキューは英雄だったのだ。

オウム死刑囚執行は恩赦と関係ありか

オーム真理教の死刑執行報道によって一連の報道は終結しそうであるが、この報道の中に二つの注目すべき点を千代田論語の会では扱った。一つは宗教組織に関する報道がよくここまでできたという事だ。言うまでもなく宗教の自由は表現の自由とならんで摘発できない牙城的な難しさを持っている。ある元最高裁判事の方が言っていたが「宗教のように特定の分野をタブー視する危うさ」がここにはあるという。そのために犠牲者が増えたとも言われる。

確かにタブーという分野はその濃淡に差はあるがたくさん存在する。表現、差別、基地、男女などはしかしすべてが犯すべからざるものでもない。世の中とはどこかで不愉快な目に遭う人はいるものだ。その歯止めの基準が正常の範囲であるならしかたのないことなのだ。特に宗教団体はお金が集まりやすく税金の方から監視を強めるしかない。

もう一つは現在死刑確定中の囚人は一二〇名ほどいると言う。それを飛び越えてオウムの死刑囚がだけが全員一ヶ月のうちに執行されたのは何故かということだ。法務省の発表によると平成のうちで片を付けたかったと言うことだ。あんな忌まわしい大事件は早くけりを付けようという考えでもっともなことだが、意図は別の所にもあるような気がする。

それは元号が変わると恩赦ということが行われる。それにオウムが引っかかると誰かが生き残ってしまうことになる。それを避けたのではないかという。こちらの方がもっともといえばもっともだ。しかし官僚の会員は次のようにいう。恩赦とは閣議決定であるので国民の感情を斟酌して、もし恩赦の対象になってもオウムには適用しない可能性がある。だがそれも閣議にかかるとしたら、もめる議論にはなるだろう。だからいっそのこと今でしょうという事はかなりうがった意見だろうか。

14　何もしないことも危機管理

道の将に行われんとするや命なり、道の将に廃れんとするや命なり。公伯寮其れ命を如何せん。

「道の将《まさ》に行《おこな》われんとするや命《めい》なり、道の将に廃《すた》れんとするや命なり。公伯寮《こうはくりょう》、其れ命を如何《いかん》せん」〔憲問《けんもん》〕

道理が正しく行われようとすることは運命であり、道理が行われないのも運命である。公伯《こうはく》寮《りょう》なんかがその動かしがたい運命をどうにもすることは出来ないよ。

【解説】

孔子の愛弟子の子路《しろ》が季孫子《きそんし》という孔子の主人格の大夫に訴えられた。訴えたのは公伯寮《こうはくりょう》ですよと魯《ろ》の大夫《たいふ》の子服景伯《しふくけいはく》が孔子に告げた。季孫子の方もはっきりとは訴えを受理してはいなかったが子服景伯が孔子にあんな公伯寮なんか私がとっ捕まえて市場に首をさらすことが出来ますがやっちまいますか、と言う。そういう前提があって孔子が答えたのが上の文である。要するに放っておけと言うことになる。大切な子路をなんとかしてやらないのか、という気がしてしまう。

このほかに孔子はいろいろなところで危機に遭う。その都度これは運命だから私が世の中に必要ないということなら殺されるよ、必要ならきっと助かるさ、それは運命が決める、と言う。自信の塊なのか、先を読めるのかいっしょについて行く弟子たちははらはらであっただろう。上に立つ人物がこういうように泰然としているのは頼もしい限りであるが、下のものは何かしてくださいよという気は当然あるだろう。

だが必ず何かはしているのだ。様々な密偵を放って事態の解消、分析を図っている時、経過や結果はメンバーには知らせない。何もしていないように見えるのは確かなのだが、動きはあるのだ。それには見えない資金が必要になる。

マスメディアに代表されるまわりの騒ぎによって収束も解消も変化もあり得る。このまわりの変化によって生き延びている組織も数多くある。結果を見ながら対応しているからだ。鶴のように首を伸ばし、コウモリのようにあちこち飛び回る。見た目は組織の哲学がないように見えるがどこの組織もそういうところはある。他より先に動くことも危機管理だが、最終的なところで動き出すことも危機管理であろう。このさじ加減で組織体は生きているのだが、心配性と公正すぎるトップがいるところは危険なのだ。

中国古代の歴史で見ると、個人の場合は動かなかった方が生き残っていることがおおい。ただそれは歴史の項目としては残らない。歴史として記述されるのは環境、事件に対応している現実的なことだけだ。心の動きや読みは史実としては残らない。それは文学の領域になる。だから嘘であっても作り物でも歴史事実より小説の方が役に立つことが多いのだ。

何もしていないと言うより、何もしていないように見せることは戦略や策略としては効果は高い。特に諸葛孔明の分からないところは孔子に似ている。孫子のように戦術や戦略として残るものは使い勝手もあるが、なぜかこうなるという勝ち方、逃げ方は孔子は上手だった。「論語」は戦略史ではないのでほとんど読み取れないが命を狙われた時や、食料をたたれた時など、うまく生き延びたという結果で書かれる。弟子がその裏で活躍していることはもちろん考えられる。密偵、諜略の使い方だ。

その場合最も重要なことは資金の調達で、それはもちろん領収書のないお金だ。何でも透明と言われると組織は簡単につぶれる。孔子一行は何年も放浪し、その生活費や、多くの国に売り込むときの貢ぎ物、手土産は必要だった。そういうことはどんな書物にも書かれていない。およそ歴史書と言われるものにお金の動きや流れは書かれない。孔子の場合は弟子の子貢がお金持ちだったということは分かっておりその援助は受けていた。要するにスポンサーがいたのだ。国家の機密費のようなものだ。税金対策があるため難しいことだが、運営するための資金と同様に、危機に際してなんとかできる裏金は不可欠だ。大手では宣伝費とか、献金とかいう項目になるだろうが、普通の組織でも企業でもなくてはならないものだ。

〈危機管理人の休息〉……その通りだよな

自然災害の訴訟

日本は島国で火山国のため自然災害が多い。「備えあれば憂いなし」ということわざに意味を持たせるのは、憂いが無いようにしようということではなく、心構えだけなのだ。いくら備えがあっても必ず憂いはある。東日本大震災、木曽御岳の噴火で多くの犠牲者が出たが、これに備えろといっても完璧には出来ない。津波は地域が広すぎるし、噴火は突然すぎる。想定外を想定しろという言い方は日本に住むなというに等しい。

だが何もしないわけにはいかない。それなりの準備はするのだが、それに対して一〇〇%という基準は設けない方がよい。多少の犠牲は出るという言い方をはっきりとすべきなのだ。対策には万全がないにもかかわらず、訴訟とはなんだろうか。責任を見つけ賠償してもらうというのが訴訟だとしたら、責任の所在は自然である。意味のないことをなんとか理由を付けて恨みを晴らしたいというのが被害者の気持ちであろう。大川小学校にしても結果としてＴＶを見ている人が判断するようなゴシップネタではないだろう。引率した先生も亡くなっている。その上に教員の責任を追及しようとしている。助かろう助けようと精一杯考えていないはずはない。御嶽山の噴火の訴訟ももう登ってしまっている人達の責任は問わないのか。ジュース飲んでから毒が入っているというようなものだ。

この両者でいけないのは責任を見つけようとしていることだ。裁判とは訴えた場合、その訴状に従って審理をするわけで関係ない要素は考えに入れない。津波の場合、小学校の先生の責任はといったらその責任はあるかないかだけを審理するため、結果論が優先する。木曽御岳でも地震計の設置をいう論点での争いになる。

しかしここにはもっと大切なことがある。それはこの訴訟に加わらなかった人達の存在だ。何も行動を起こさないという方針を採ったのだ。辛いだろうが尊敬に値する。

【二】組織・個人の危機管理

……メンバーとして

1　芸術とスポーツは危機管理の必需品

子斉にありて韶を聞く。三月肉の味わいを知らず。曰く図らざりき、楽を為すことの斯に至るを。

〈音楽〉

「子、斉《せい》にありて韶《しょう》を聞く。三月《さんげつ》肉の味わいを知らず。曰く図《はか》らざりき、楽《がく》を為すことの斯《ここ》に至るを」〔**述而**《じゅつじ》〕

孔子は斉に滞在していて古代の舜帝《しゅんてい》の音楽である「韶」という曲を初めて聞いた。その後、感激のあまり、三ヶ月間も肉の味がわからなかったほどだ。音楽の効果がここまであるのかということに気づかなかった。

このほかに「論語」の中には音楽に関したことはかなりの部分をさいている。その内容を見ると孔子はまるで音楽評論家のようである。魯という国の音楽監督に対して音楽の演奏方法や歌の効果について指示や好みを述べている。弟子たちの琴の弾き方も注文をつけている。

孔子の学問は礼・楽・射・御・書・数という六芸を基本的な教養とする。その中の二番目に配置されているのが「楽」であることを考えると音楽がいかに大切な素養かがわかる。現代に残される記録では音に関するものは残念ながら正確には伝わらない。これこそ伝える人が絶えてしまっている以上、音も演奏の仕方も後世に再現しようがないのだ。

中国で制作された歴史映画の台詞や構成において、日本のものとの大きな違和感を感じるのは楽器の演奏や、漢詩の朗読である。楽器の演奏は現在の舞楽に近いものであるが、日本制作の中国古典劇では中国制作のものよりくどさはない。また中国製の映画劇では詩の朗読を節をつけて朗々と歌う。台詞も日本で行う小学生の呼びかけ劇のように一斉に唱和することが内容の節目を盛り上げている。「陛下万歳」などという発音を三回も四回も臣下全員が唱える。中国のTVや映画は全体的に音、声の演出については古典を忠実に再現しているとも言える。

音楽関係のスポンサーになることは多くの人の耳と目を引きつける。したがってスポンサーなしにマスコミは成立しない。ここのところは組織のイメージと危機管理には必需品なのだ。どんなコンサートでも細かくチェックしメディアが後援している物には関心を持たねばならない。企業は当然そういうことはしていると思うが、個人でもこのことは必要になる。自分の所属している組織や取引、関係している利用者はどんな音楽に関心がありどこを後援しているのかは知っておくことだ。以下の絵画、彫刻でも同じことが言える。

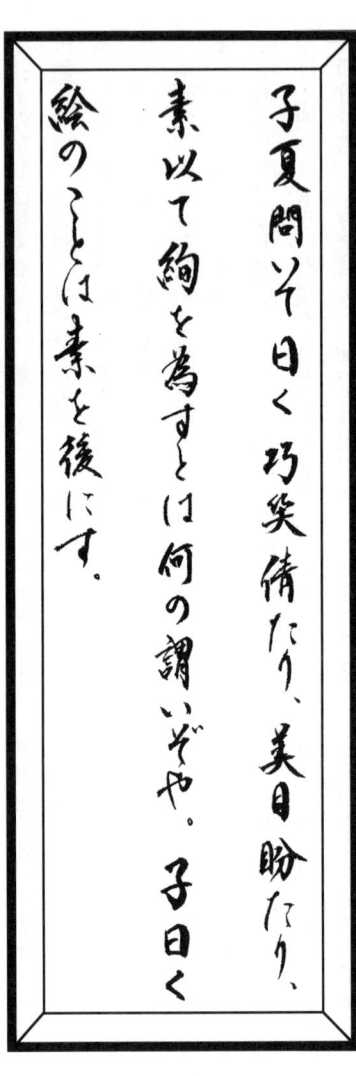

子夏問いて曰く巧笑倩たり、美目盼たり、素以て絢を為すとは何の謂いぞや。子曰く絵のことは素を後にす。

〈絵画〉

「子夏《しか》問いて曰く巧笑倩《こうしょうせん》たり、美目盼《びもくはん》たり、素、以て絢《あや》を為すとは何の謂《い》いぞや。子曰く絵のことは素を後にす」〔八佾《はちいつ》〕

弟子の子夏が孔子に次のように聞いた。「白い歯でにっこり、目元はぱっちり。仕上げは白でおしろいよ」という楚の地方の歌はどういう意味ですか。」「絵画の仕上げは白の縁取りが命だ、ということだ。」

この文は行動の仕上げやまとめは「礼」で行う、ということを比喩として言ったものだ。「礼」の教えの解説だが、絵を描くことを比喩として出しているということは、孔子自身もその見方、描き方にも造詣が深かったのであろう。この時代、現代で言う印象派とか、写実主義という絵画文化があったとは思えない。色については植物や岩石から合成しており、多色がなかなか難しく、描ける色彩も限られていた。それはキャンバスのようなものが陶器や、衣服、木片などに限られており、それぞれに目的があったからでもある。しかも色は飛んでしまうため現代まで伝わりづらい。

秦の始皇帝の墓にある兵馬俑という等身大の兵士の焼き物の塑像も極彩色であったということは知られている。文字の延長として画くものとしては炭であったため、水墨画はあったと思われる。そこで一般的に絵としての解釈は人の顔の化粧という形での色彩感覚であった。京劇のような彩りのことを孔子も言っていると考えられる。「絵」とは我々が言うような平面に描く風景画や人物画の類いではなかった。人物の「画」は漢代ぐらいになって炭で描くことが盛んになったといわれる。

★子夏《しか》　衛の人　姓は卜《ぼく》　名は商　字は子夏
孔子の弟子で四四歳年下。文学の才能があり、六経（礼・楽・射・御・書・数）を後世に伝えた立役者。弟子（孔子の孫弟子）が多く長寿でもあったため、孔門を大きな学派として成長させた。
自分の子どもを亡くし悲しみのあまり盲目になった。

朽ちたる木は雕るべからず、糞土の牆は杇るべからず。

〈彫刻〉

「朽《く》ちたる木は雕《ほ》るべからず、糞土《ふんど》の牆《かき》は杇《ぬ》るべからず」〔公冶長《こうやちょう》〕

腐った木は彫刻は出来ない。糞で出来た土では壁土にはならない。

この文は孔子の弟子宰我《さいが》という人が居眠りしたとき、孔子が強く叱ったというエピソードである。宰我という弟子は弁舌に優れ発想も変わっていたらしい。この時代でも彫刻らしきものはあったようである。ヨーロッパのルネサンスのようなものではなく、まず考えられることは「石経」と言われるものがよく作られた。これはいわゆる石碑のことで、文字が書かれている。

人の業績の説明、意気込みや支配の掟など、それは今の書物の代わりとして存在していた。その近くに石の人物や動物などがよく見られる。また「扁額」というものがあり、石や木に文字を彫ったものである。

これらは土台がしっかりしていないと加工できない。柔らかいもの芯のないものでは使い物にならない。そういう加工をしている職人のことも孔子は知っていたのだろう。腕の良い職人も立派な職業であり、普通の人には出来ない技術者である。これを芸術と呼べるかどうかは別として現代では芸術的価値の高いものはいくらでもある。

★　宰我《さいが》　魯の人　姓は宰　名は予《よ》　字は子我《しが》

孔子の弟子で年齢ははっきりしないが周囲との人間関係から二九歳年下とみられる。子貢と並んで弁の立つ人。しかしものをはっきり言ったり、怠けたりと孔門の異端児だった。「論語」の行間から読み取ると優等生ではないが孔門の十哲に撰ばれているように一目置かれていた。現代で見てみると、橋本元知事のような人だったのではないか。

射は皮を主とせず。力、科おなじからずと為す。古の道なり。

〈スポーツ〉……射・御

「射は皮を主とせず、力、科《しな》おなじからずと為す。古の道なり」

〔八佾《はちいつ》〕

弓術は的の真ん中を射る必要はない。それぞれの力が異なるからだ。「礼」も同様でとりあえずは上手下手ではなく作法さえ正しければいいのだ。

吾れ何をか執らん。御を執らんか、射を執らんか。吾は御を執らん。

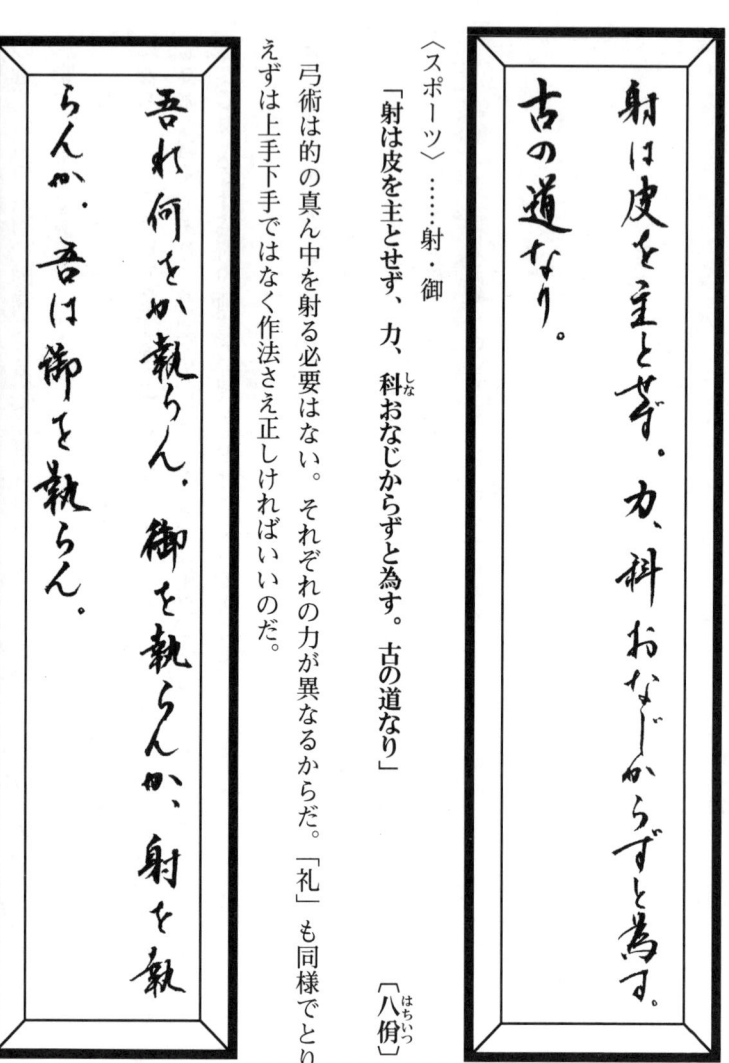

「吾れ何をか執《と》らん。御《ぎょ》を執らんか、射《しゃ》を執らんか。吾れは御を執らん。」〔子罕《しかん》〕

私は何を仕事にしようか。御者がいいかな、弓術がいいかな。私は御者にしよう。

「射」と「御」を問題にしたが、これをスポーツと呼べるか難しい。両者とも特技であり、相手があるものである。さらに「御」は職業であるが、「射」はたしなみである。だが、こういうものは誰でもおなじレベルでできたものではない。それは「射」の方を見ればわかるだろう。「競射」という競技がありその優劣を競ったが、孔子は当たらなくてもいい、礼儀作法にかなう方が大切だという。

孔子は「御」を得意としたようだ。それは「吾れは御を執らん」という全体の行間から推し量れる。「御」は競技をするというのではなくそのまま実戦である。当時道が悪いので転覆事故や部品の破損も修理もそこそこ出来なくてはならない。一人前の男子として身につけておかねばならない重要な技術だったであろう。現代の文科、理科、芸術、スポーツという教養の種類を中国古代に区分けしたとしたばあい、スポーツとはこういった分野になるだろう。

スポーツは音楽とならんでマスコミが後援する分野だ。企業イメージや組織との親和性はかなり高い。パラリンピックのスポンサーが探しづらいということもうなずけよう。すべてはイメージアップだけなのだ。障害者スポーツ大会や競技会の放送がほとんどないということはスポンサーが付かないという現実がある。企業や組織はイメージが業績を左右するのだから仕方ない。しかしふだん新聞やTVで障害者、弱者の味方ぶっているメディアの節操はないのだ。

スポーツ選手の麻薬や暴力事件であるいは怪我でスポンサーが降りるともうＴＶでは相手にしてもらえない。音楽でもスポーツでも有名になるということはそれだけリスクは高いのだ。しかし企業は選手の生活管理までは出来ないし、ましてや過去の選手の犯した反社会的行為でもイメージは落ちる。もしそのスポンサーがメディアの大口であったらメディアはほじくりはしないだろう。個人や組織の危機を管理するということは後援している対象に対してではなくそれを報道する側に向けなくてはならないというむなしさがある。

【解説】

企業経営をするとき、利潤、取引先、販路、シェア、同業の動き、異業種との付き合いなど色々な経営構造やリスク管理に力を入れるが、仲間一人一人の倫理観や、見識は後回しになりがちだ。しかし危機を回避し管理するということはメンバー個人の倫理観や見識に大きく左右される。下世話な言い方をすれば特殊な才能、持っている芸とも言える。それはシステム内部にある閉塞感を打開するときに雰囲気として存在する余裕のことである。たとえ景気は落ち込んでいるとはいっても働く個人は職場の一員としての毎日がある。

また取引先との交渉で静かにものをいうのが潜在能力であることはよく知られている。そういう点でも運動部出身者は重宝がられるのだが、相手企業やつき合うコミュニティーの雰囲気によっては芸術が役に立つことがある。経営そのものには全く関係ないようでありながら、組織の体力としてボディーブローのように長期的にあるいは思ってもみない方角から利いてくるものだ。

企業の持つスポーツチームやTVのCMなどはやはり最後までイメージとしてなくてはならない。相撲と永谷園とか体操とコナミなどはよく知られている。ブリジストン美術館やサントリーホールというのもトップの考えの反映である。トヨタの危機管理としてかなり大きな比重をしめているのがスポンサー費用だという事はよく知られている。危機はマスコミ対応からはじまる。マスコミもスポンサーがいなくなれば黙るしかない。

〈危機管理人の休息〉……ちょっといい話

老人の美

「かっこよさ」とはなんだろうか。多くの人は個人的な美意識の延長にあるものを指していると思う。しかしその延長を越えた所にも存在するのだ。

もう二五年も昔のことになる。私はある男子校のサッカー部監督をしていた。真夏のインターハイ予選のベスト4を決める試合だった。相手は当時の強豪浦和市立高校（現在の市立浦和高校）だった。このレベルの試合は今ならサッカー場を使うだろうが、当時は高校のグラウンドでおこなった。コートの周りには数百人の人だかりでびっしり埋まっているものであった。

試合は一進一退であったが、ついに一点取れるかとれないかというくらい攻め込んだ。敵のデフェンダーが必死になって自分のゴール前でクリヤーした。そのボールが観客の所に飛んできた。かなり強烈なスピードで飛んできた。そこになんと白い帽子をかぶり下駄を履き、浴衣を粋に着こなしながら、ステッキを持った老人が立っていた。誰もが危ないと思った。するとおじいさんはとっさに浴衣の裾をはだけ下駄の脇でぴたりとトラップ（ボールを止めること）をしたのだ。周囲のオーという歓声の中、平然とサイドキックをしてボールを返した。そして帽子を取り周囲に会釈をしながら去っていった。この日の最高の見せ場だったと言う人もいた。

この老人は男子校のサッカー部の古いOBだった。今のアジア大会に当たる極東オリンピックに出場した人で、すでに八〇歳を過ぎている人であった。たたずまいも、技術も、去り方もすべてがべたつきのない瀟洒な感動を醸し出す。この場面の「美」とはこういう老人の持つ「品格」が前提になっていることは誰にでもわかるのだ。何年も前になくなった方であるが今でもそこにいた多くの人の思い出の風景になっていると思う。

日大アメフトは週刊誌ネタ

日大のアメフト事件は日本の全国民が隕石が落ちてきたかのように驚いている。しかし本当は日本の全国民もメディアの人も驚いてはいない。あんな事件は日常茶飯事だからだ。それはサッカーの少年団の父母たちが、グラウンドでどういう応援をしているかを見れば分かるだろう。あの監督のようなことは平気で怒鳴っている。監督ではないから許される。それは政治と同じように立場の発言が問題にならないからだ。

今回の問題はどんなチームでもやっているであろうことを公という立場に引き上げられてしまったのだ。父母でもこういうことは何かあったらありうることだ。それほどＶＴＲは身近に氾濫している。そしてそれが現場を切り取ってしまったからだ。サッカーにしろラグビーにしろ、相手と接触する集団スポーツは事故がつきものだ。

今回のワールドカップでも数え切れないほどの悪質な反則が誰かの指示ではないとは言い切れない。しかしそれを暴くとサッカーの場合、国際問題になってしまう。サッカーには日大のアメフトぐらいの悪質な反則も実際にはあるのだ。だからアメフトが許されるということではない。日大は狂っているのだと社会問題化されたのだ。

私たちそういうことを日常で知っている人にとってあのニュースは偶然に起こったことではなく何かを意図している、企んでいる、ということはわかる。それが何かは分からない。そこで何が異常な危機報道かというと反則をしたことではなく、監督が指示したことではなく、何度も何度もあの反則映像を繰り返しＴＶで報道したことだ。一般人は確かに面白いことだろう。週刊誌やバラエティー番組ではよく見かける。

2　筋を通す「男気」とは決断力

「朝《あした》に道を聞けば夕べに死すとも可なり」〔里仁《りじん》〕

朝、人の歩むべき真理を知ったなら、夕方死んでも悔いはない。

【解説】

この文は現代では潔いことを通り越して、戦国時代の武士の関係を彷彿させる。孔子の本質にこういう部分があったのは確かである。だめな奴は殺せとか、やる気がなければ相手にしないよ、みたいなところは「論語」によく出てくる。一方で、わからない人でもじっくり教えてあげなさいとか、両親は大切にね、とか言うとことん優しい面もある。おそらく両方とも本当なのだろう。「論語」はケーススタディだから場面が異なるのだと考えられる。

筋を通すとはよく言えば首尾一貫、悪くいえば頑固ということになり最近の文化にはなじまない。世の中何でも柔軟性、色々に対応する、マルチ機能とかいうのが流行る。だがしかしそれも行きすぎると節操がない、専門がない、本心が分からないということになる。どちらもそこそこがいいという大変扱いにくいものになる。

人として、企業として、組織として扱いにくいのがいいのか、単純で分かりやすいのがいいのかという基準で見るとそれは明らかだ。要するに扱いにくいものは生活する過程ではいいのだが最終場面になると対応出来なくなる。危機管理とは常に最終場面のことを想定しているのだ。

確かになんともない状況で、頑固なことは面倒くさいこともあろうが、我々の意識とは思考し、判断し、決定し、そして行動するという流れを持つ。その時の判断と決定には動かないことが必要になる。この決定ということは意識の解放に繋がる。解放というと自由というイメージとともにあるが、柔軟性に決定の強さはなくしたがって方向性を持つという自由もない。結局解放とは決定の中に在り、つまりは頑固の中にあるということになる。もっと違うよい可能性を求めがちの時代だが、求め続けなければならない不安定の中に解放感はない。

「男気」という女性を無視した言い方をするが、「女気」という言葉がない以上表現しようがない。また「論語」には女性に関することはほとんどなく、女性は読まなかった。決定ということを女性はしなかったからだ。現代決定を余儀なくされる立場の女性には「男気」は必要になる。しかし決定に偏りという感覚を感じる人もいる。確かに決定とは幾つかの選択肢から一つを撰ぶのだから、その時点で偏りなのだ。それを偏りと感じずこれしかないと思い込むところが解放であり、前進になる。だからといって別の選択肢を全く抹殺したわけではないことは前提だ。

危機管理するにはこの解放感が重要なのだ。だから酒の場があり、気遣いの贈り物があるのだ。ガス抜きは形は異なるが男性にも女性にも無くてはならない。おしゃべり、買い物、食事、が女性の息抜きなら、麻雀、漫画、ゲーム、競馬競輪が男性の息抜き。旅行、スポーツ、飲み会は男女とも息抜きであり、場を共有するのだ。ここに教養講座を入れる企業もある。見識の高いトップの意識だ。

〈危機管理人の休息〉……ちょっといい話

一個のボタン

ある小学校の校長が子供のころ、自分のおじいさんが英国に行ったということをよく聞かされた。昭和の初期、船でロンドンに行ったという。そしてその時買ったバーバリーのコートをよく見せてくれたという。ところが、戦争中のどさくさで、いちばん下のボタンがとれてしまい、大変残念がっていた。このボタンは、少年とバラが彫られていて、木製のものだった。そして四つあるボタンの図柄が少しずつ異なり一つのストーリーがあった。

さてその校長が定年間際に海外視察の旅でイギリスに寄った。免税店のバーバリー売場で店員とその話で盛り上がった。帰国の時になり、ヒースロー空港には飛行機に乗る日本人客ばかりが何百人もあつまっていた。その中を一人の品の良い初老の紳士が、日本人ツアーをかたっぱしから訪ねまわっていた。ミスターだれだれはいるかと聞きまわっていたのだ。とうとう自分の所にやって来た。

今日午前中ずっとさがしまわった、と言って小さい小箱を持って来た。その中には何とバーバリーのコートのボタンが一個はいっていた。「おたく様のお買い上げになったのは、一九三一年七月四日、ロンドンの本店でございます。運わるく一九四五年にボタンを一個なくされたという話が入りましたので、一九八八年におとどけにまいりました。ただしこれはいちばん下のボタンでございます。他のボタンあるいは順序をまちがえずにお付け下さい。私どもは、時代が変わり、国が変わっても、お客様のご要望にお応え致します」という手紙が入っていた。ボタンを見るとたしかに少年とバラの図柄をした木製のものだった。それが自分の父親のなくした幻のボタンだった。親孝行をしたな、と思ったそうだ。

当の初老の紳士は一言も話さず、胸を張って去っていった。その顔には仕事の誇りがうかがえた、と語った。実は日本にも一〇〇〇年続いている企業が三社あるという。日本だってバーバリーには負けていないのだ。

3　ぼやきはストレス解消

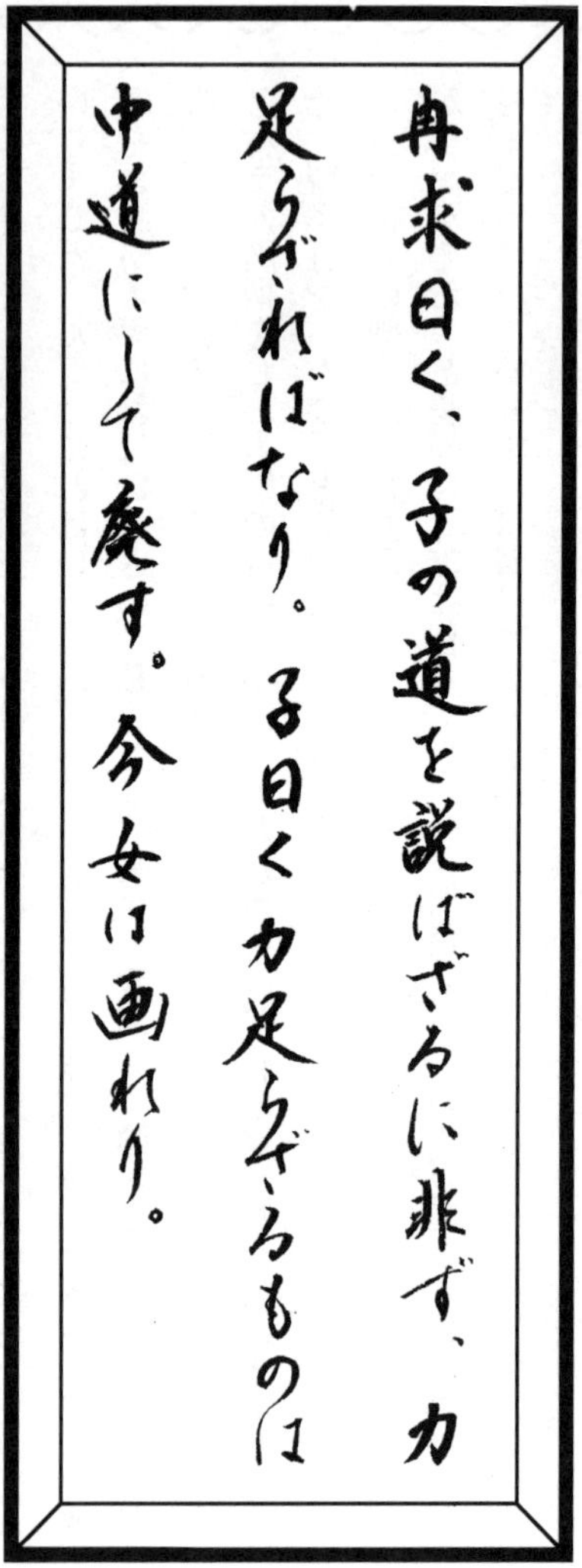
冉求曰く、子の道を説ばざるに非ず、力
足らざればなり。子曰く力足らざるものは
中道にして廃す。今女は画れり。

「冉求《ぜんきゅう》曰く、子の道を説《よろこ》ばざるに非ず、力足らざればなり。子曰く、力足らざるものは中道にして廃《はい》す。今女《なんじ》は画《かぎ》れり」〔雍也《ようや》〕

弟子の冉求が孔子にぼやいた。先生の教えがすばらしくないわけではないのです。私の力が及ばないのです。孔子は言った自分でもう能力がないといってしまったらそこで成長は止まってしまうよ。おまえはそこまでだなぁ。

【解説】

「論語」という書は典型的な男性の書である。冉求がぼやいているのか落ち込んでいるのかをここで読み取る時、大きな違いがある。ぼやきとはうまくいかない自分に対する開き直りに近い。しかし女性の場合冉求のようにいう時はかなりの落ち込み、つまり精神的にまいっているのだ。そういうとき「大丈夫よ、みんなそうなんだから。もう少しがんばってみようね」と言わねばならない。もちろん孔子には言えないだろう。「おまえそこで終わりだよ」といっても男性は大丈夫なのだが、自分を責める女性は本当に終わってしまう。

男性のこの感情はこの場から逃げ出したい甘えなのだ。例えば数学の難問を解く時一週間考え続けて解けたとする。その時「やったー」と思う達成感がある。これは「ああ、出来ねー」と思って放り出す気持ちとベクトルは逆だが中身はおなじなのだ。両者の共通する感覚は「解放感」なのだ。

さてこの解放感は前の項でも扱ったように迷っているメンバーを一つにの方向に向かせた時、あるいは向いた時の自由感に似ていて方向、ベクトルが逆なものだ。つまりぼやきとは投げ出すわけだ。机をひっくり返す解放感は組織でも個人でも必要だ。これは上に立つものにとっての危険要素や不都合な動きではない。むしろ上に立つものの方が必要なことなのだ。地位や身分が上に行くほど、役割が重要になればなるほどストレスはたまる。孤立、ひとりぼっちということだ。スポーツの監督、横綱、社長はそういう人全員がこういう精神状態に置かれている。

投げ出したくてもそれができない苦しさは使われるものの、実務として動くものの比ではない。このように方向は異なっても同じストレスがある。

ある企業で社長とその部下が身分をなしにして毎月飲み会をするところがある。もちろんそれほどの大手ではないが従業員は一〇〇人以上いる。社長と飲み会を定期的に持っている企業はいくらでもある。しかしほとんどが立場はなくさない。なぜかというとそういう立場の差を通して環境改善や体質の質問、工夫を話す場となっている。しかし立場をくずさないでそういう見た目の民主的な方法を採ると、両者とも面倒くさくなるという。それは立場の壁は消えないということだ。

このある企業はそういう要求や質問は一切なしで家庭人、社会人という枠だけでつき合っている。もちろん最初はうまくいかなかった。しかし社長が嫌にならなければ下のものは自分をさらけ出しはじめるという。いったい付き合いというものは立場のけじめを付けてオープンにするというものと、立場のけじめを付けずに年齢だけの敬意だけを守るようにするのと結果的にどちらが効果的で生産的かというと、年齢だけのけじめの方が話は進むという。それは企業や組織を越えての付き合いにも言えることだ。相撲の世界のような特殊職以外、我々日本人はどんな背景を持っていようが年齢の差は超えられない。そこをオープンにしようとしても不可能なのだ。日本の男性社会では最終的に立場の壁より年齢の壁の方が厚い。それは欧米にあるような思想信条や、宗教の壁より厚く大きい。これが日本社会の特徴なのだ。思想信条や、宗教の壁は会話の中でうまく避けられるものだ。ただ年齢だけは抑えないと生意気な奴と必ず言われる。だから利害関係のあるところでは、年下のものの地位が高くなったときの胸の内のわだかまりこそが、危機を呼ぶのだ。この部分だけを弁えてフリートーキングができればそれは集団の危機管理としては強いものなのだ。

★冉求《ぜんきゅう》　魯の人　姓は冉　名は求　字は子有《しゆう》（通称で冉有《ぜんゆう》）

孔子の弟子で二九歳年下。性格は謙虚で温和だが消極的な人物であったらしい。孔子のそばで子貢とともにいつもにこにこしていたといわれる。子路とは反対の性格でも政事には向いていた。魯で孔子が敬遠する季氏に仕えていた。冉有も季氏での政事は気が弱かったため、長続きはしたが、口を挟めなかった。

〈危機管理人の休息〉……その通りだよな

ぼやきのへーさん

男性のぼやきと女性のグチは異なる。グチは文句であって要求も含むのだ。だからその結果を得られるまで言い続ける人もいる。一方でぼやきは言ってみるだけのもので、時間つぶし、調子合わせのようなものなのだ。その後どうなろうとあまり関係ない。だから男性のぼやきは基本的に放っておかれる。「ぼやきのへーさん」と揶揄されながらも仲間なのだ。だが「グチの幸子さん」とはおおっぴらには言わない。それこそ陰グチで言うのだ。

このぼやきというのは実は男性にとっては効果的で、これを言う隙間が組織にないと大変に疲れる。愚痴も言わず我慢している人もいるがどこかで発散しているはずだ。居酒屋、屋台がいつの時代にもあるというのはこういう隙間産業なのだ。確かにぼやいてばかりいる人とは仕事をやりづらい。だが、てきぱきばかりで結果を残す人にも同じようなやりづらさがある。うまくいっているときはてきぱき系の人からはエネルギーをもらえるし、行き詰まったときはぼやき系の人からガス抜きをしてもらえる。

へーさんはこう言う。社内は何でもディジタルで進めた方が風通しがよく効果的なことは分かっている。だがそれで出社できない奴がでたり離職率が高いと言うこともわかっている。アナログでやったらそれこそコストはかかるし能率も悪いのは分かっているが職場の空気はよくなるね。業務に関係ない会話だけでもあるとほっとする。上手にぼやける人が上に立つと一気に職場が元気になるよ。もうダメだよ、といっているとき「そんなことといわず、もうちょっと頑張れよ」といわれると当たり前だけに救われないよな。「そうだよな、全く、温泉にでも行っちまおうぜ」と言ってくれると、行けないことが分かっていても、深刻さが薄れるよ。カウンセラーという業務はぼやきの達人がなれば役に立つぞ。

民事裁判は社会的教訓にはならない

司法制度とは訴えた側のことのみを斟酌するというシステムになっているらしい。つまり、司法に関わりの無い前歴があったり、地域では鼻つまみ者であったりしても訴えたことだけの部分で行われるということになる。だから大川小学校の津波問題でも訴訟に関わらなかった犠牲者のことは一切関知しないのだ。

　そういう方針で電通の過労自殺問題を見てみると、近くにいる人には「あれ、そうなの」という部分的な納得を強いられる。裁判の周辺にいる弁護士が論語の会員だったので色々と聞くことができた。電通の社員のような近くの人も色々な事情を知っていた。

　まず一〇〇時間の残業で過労自殺をするかということだ。した人がいるから問題になるのだが、ほとんどの企業では新入社員はもっと残業をしている。もっとパワハラをされている。だからその方向では裁判に勝てないのだ。この残業時間を働き方改革のように社会問題にしたのでうまくいったのだ。

　彼女が精神的に追い込まれ、もうどうしようもなくなってしまったという結果で裁判は解釈される。もっと他に手はあったのではないかということを我々は問題にする。誰でも同じではなく、彼女は特別な能力者なのだ。そして家庭環境も特別なのだ。その点から逆に解きほぐしていくと、心の安らぎを与えてあげられる場所が誰でも必要になのに特別な立場の子なのでその場所がなかったということが一番の原因だろう。

　私たちが知りたいのは会社との関係ではなく母親との関係、友人関係、頼る人を持てたか否かの状況、ガス抜きをどのようにしていたのかという事。こういうことを考慮に入れて読み取らないと裁判の記録だけで事が済まされてしまい、何ら後世の教訓にはならない。

4　自然としての山や川を畏敬する

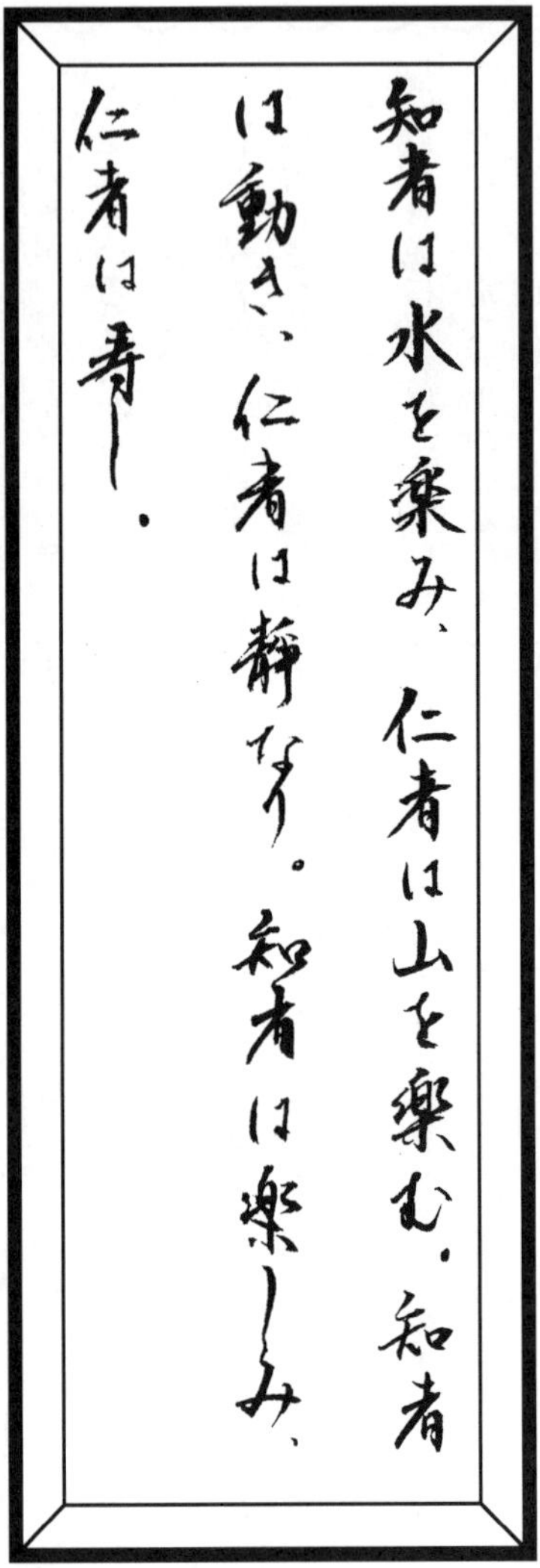
知者は水を楽み、仁者は山を楽む。知者
は動き、仁者は静なり。知者は楽しみ、
仁者は寿し。

「**知者は水を楽《この》み、仁者は山を楽む。知者は動き、仁者は静なり。知者は楽《たの》しみ、仁者は寿《いのちなが》し**」〔**雍也《ようや》**〕

知恵を働かせるものは川を好む傾向があり、人格者は山を好む傾向がある。知恵者は動き回ることが好きで、徳の高いものは穏やかにじっとしている。だから、知者は何でも楽しく関わり、仁者は長寿である。

【解説】

中国と日本とは自然の形態が異なり、また中国でも北方と南方とでまた異なるためそれぞれで人心も異なる。日本人は海や森にこだわる。海とは再生力、森とは豊かさのような天の恵みの象徴である。しかし中国はそういう感覚に乏しい。海は魔物の住むところ、森は北方にはあまりない。従ってここから学ぶことは我々と視点が異なる。水というと中国では川のことであり、しかも動くものという象徴になる。山とは木々や緑や動物ではなく動かないものという象徴になる。

一般社会を考えるとここで言われる「論語」の言葉は生き方としてそのままうなずける。鋭敏な辣腕を振るう人は組織の中では自分で動き回り、今あることを変えようとする、進取の精神に満ちている。逆に多少鈍重でも慎重な人はそれほど動かず、周りの変化を考えて人を使う。現代ではある時は知者のように振る舞い、ある時は仁者らしくする。一人が当然使い分けなくてはならない。それだけ複雑なのであるが、器用さも必要なのだ。だがそこに山と川が出てくるのも面白い。要するに人格は自然界と切り離せないということなのだ。

日本人は自然から学ぶことは多い。定期的に自然災害が毎年のように起こる。これは突然襲う不況や経済ショックと同じようにやってくる。どれだけ備えがあっても憂いはある。だから危機管理という考え方が特に日本には過敏に求められる。

以前、アメリカに留学して人から聞いた話だが、大学の面接の時宗教を聞かれたというのだ。

欧米では重要な条件なのだろうが日本では特殊な人以外は問題にはならない。だから答えられないのだ。一応仏教と言っておけば問題はないのだが、その人はいわゆる日本流のクリスチャンであった。日本流というのはそれほど敬虔ではなく親がそうだったので自分もたまに教会に行く程度で、どちらかというと、仏像とか仏閣あるいや神社の雰囲気の好きな人だった。つまり本物の人の前では無宗教なのだ。しかし無宗教というのも欧米ではとても嫌がられる。その人の持つ倫理観や道徳性、習慣は宗教から学ぶということだからだ。無宗教といってしまうと考え方や、信条のないいい加減な人ということになる。そこで彼は私の宗教は自然ですといったそうだ。

それでいいのだ。日本人の多くは多神教で何にでも神様を作る。いらなくなった鉛筆も拝んで捨てる。競馬で負けると、「神も仏もねーな」とぼやく。正月は神社に初詣をし、葬式はお寺に埋葬する。字画、方角、結婚、受験などそれぞれ好き勝手なところへお願いに行く。しかし太陽、山、海、大木、洞穴、富士山などに誰でも敬意を払う。自然の驚異に絶対者の存在を見るのだ。やはり自然を無意識に信仰していると言える。

また、雄大な大地、ナイアガラ、イグアスなどの大きな滝、宇宙の星、宇宙から見た地球に畏敬の念を持ち、それを身近に作ろうとして箱庭などを作り小宇宙だなどという。会社、組織、コミュニティーの中に枯山水のあるのは代表者の趣味と言うより日本人の心の中に潜む平和な心の表れである。がけ崩れや津波、噴火の庭園を造る人はいない。何らかで破壊されたり片付けられている枯山水ほど惨めなものはない。

企業に限らず組織、コミュニティ、そして家庭の中にもそういう一角や神棚はある。そこには榊や樒のような森がある。つまり自然の信仰は危機の管理の重要な一つと言える。たしかにそういう一角のあることを嫌がる向きも確かにある。新興宗教と間違えるし、何にしても科学的にはやはり助けてはくれないからだ。しかし日本人は心のよりどころ、絶対者を求めることに何らかのこだわりがある。自分がそうしなくても関係する集団の中にそういう一角があると言うことに安心とほほえみの湧くことがある。それが新興宗教か飾りとしての心のよりどころかは雰囲気で分かるものだ。

〈危機管理人の休息〉……その通りだよな

森や川の嫌いな人もいる

砂漠の国や、山岳地帯、小さな島国では山や川の豊かな自然は乏しい。このような国では山や川から学ぶことはできない。「ふるさとの山に向かいていうことなし、ふるさとの山は有り難きかな」「川の流れのように」という日本の言葉は中国にも通用する。こういうところを共通項にしてつき合った方がよい。だが中国では海のように広いとはいわずその代わり何でも大きいものには大地が出てくる。

中国の留学生に指摘されたことだが、日本では山と海に関するTV番組が多い。外国でも観光地としての自然は紹介されるが、何もないただの自然や日本の農村風景にはかならず山が付いている。これが日本の原風景であるということになっている。一方中国ではやはり大地と沈み行く太陽、そして長江の流れということになる。孔子の故郷には泰山という山があった。日本のように山がちというものではなく小さな独立峰である。もちろん地平線の見える大地もある。こういう比喩はアラブや海洋諸国には通じない感性なのだ。

日本の懐石料理や和食が世界から注目されている。見た眼がうつくしいということもあろうし、ヘルシーでもある。味も外国のソースのように他のもので味付けをせず、素材にしみこませるというおいしさがあるのだろう。しかしいくら日本びいきの外国人料理人でも一週間に一度は分厚いステーキとパンを食いたいと言う。また東ヨーロッパやイギリスなど食の文化の単一な地域の人が病気になった時、日本人の看病なら暖かいものを出そうとするだろうが、「コールドミールが欲しい」と言われたことがある。

日本人の原風景には山、川、日本家屋が含まれておりそこから意識が離れることはない。だから学ぶところもそこなのだ。それは小さい頃から親しんだということではなく日本語の中に含まれているからかも知れない。現代の中国人も同じだろう。

過剰反応、風評被害はメディアの責任

ジャポニカ学習帳という表紙に昆虫の写真で売れているノートがある。これを気持ち悪いからやめろという人がいたそうだ。確かにいるだろうがそれなら買わなければいいだろうということで今まではすんでいた。そして記事にも話題にもならなかった。

ところがジャポニカがそういう人がいるのなら表紙を変えると言い出して騒動になった。気にする人がたとえ会社に怒鳴り込んだとしても会社はわかりましたとは言っても変えるまではしないだろう。これを過剰反応という。

イギリス王室の王女様が生まれたシャーロット様だ。動物園で生まれた猿の子をシャーロットと名付けた。どちらが先だったか忘れたがけしからんという意見が相次いだそうだ。わざわざ英国まで聞いたそうだ。ジョークの国でけしからんと言うはずがない。

雪が降ったら幼稚園では雪合戦をさせないそうだ。服が汚れ風邪を引くという母親がいたからだそうだ。それをあちこちで言いふらすそうだ。

こうした過剰反応をなぜトピックとするのか。メディアもクレームの側に立っていないことは明白である。しかし騒がれるというデメリットを避けたいのだ。ジャポニカも、動物園も、幼稚園も不愉快なうわさをまかれてまで事態を大きくしたくないというのだ。

無視できる見識もあって欲しい。メディアも取り上げるから風評被害になるのだ。風評被害といいながらそれをながしているのはメディアだ。我々はメディアを通してしか知り得ないのだ。過剰反応も、風評もメディアの影響ではないと思っているのだろうか。

警官がコンビニで制服のまま弁当を買う。消防士が卓球をする。その部分を切りとった違和感にメディアは飛びつく。こんなことに説明責任などあるはずがない。

5　師に付きなさい

述べて作らず、信じて古を好む。竊に我が老彭に比す。

「述べて作らず、信じて古《いにしえ》を好む。竊《ひそか》に我が老彭《ろうほう》に比す」〔**述而**《じゅつし》〕

私は古の賢人の教えを後世に継いでいき、自分では新しいものは作らない。古のことは正しいのだと信じて愛好する。昔の偉人である老彭になろうと自分で思っているだけだよ。

【解説】

誰かを師とする話は中国では根強かった。しかし科挙がはじまるとこの試験があまりにも難しくなかなか師についてできるようになる事はなくなった。唐の時代に韓愈《かんゆ》（韓退之）という人がいた。この人が「師の説」という随筆のようなものを残している。唐のこの時代は師につくということが習慣としてはなくなり、科挙の試験でも独学が一般的であった。それは自分より年下のものを師とすることを恥ずかしいと考えたからであった。それほど年長者が受験したのだ。その当時科挙をトップで合格した若者がいたが、その若者が自分を師と仰ぎたいという申し出をしたことによってこの作品を書いたのである。書中で韓愈は「私は師に付いていないものは信頼しない」と言っている。音楽や、歌舞伎、踊り、茶道には似た世界がある。つまり人は人によって成長すると言うことになる。

組織の中に師と呼べる人は色々な形でいるものだ。しかし明確な立場として作るのは仕事の閉鎖性をもたらす可能性がある。相性もあるしこういうものはあてがわれて出来るものではないからだ。個人の意識の方向から考えて仕事を越えた話し相手は必要で、カウンセラーなどという作られたものではなく、腹を割って話せる、あるいはこの人の生き方に付いていくという心の支え、目標のような存在は組織の安定に欠かせない。

ある公務員の女性が趣味で同じ職場の人と地域のボランティアに長年参加していた。同僚ではあるが年はかなり上で尊敬出来る初めてのお姉さん的存在の人であった。しかし勤務時間以外であったにもかかわらず届けを出せということになり同僚と話し合い、やめることになった。しかし毎日が単一的な仕事で我慢出来ずやはり何かやろうということになり今度は地域の町おこし的なことのお手伝いを休みの日にすることになった。今回は黙ってやっていた。休みであるからいいだろうと判断したのだ。しかしそのことを仕事としてやっている部署の人がいて、メンバーとして名前を印刷されるなかで、仕事の人とボランティアの人が混在するのはまずいので、届けを出してくれということになった。またそのお姉さんと相談してやめることにした。職場の性質として色々な問題もあるがこういうときにやはりセットで動ける同僚がいることの安心感がある。

そしてたいせつなことはいずれ自分も師の立場になるという心の準備なのだ。もしこういう立場の人がいなかったら彼女はやめていただろう。これがボランティアではなく取引先のことであったりしたばあい師の立場にいること、その立場に頼ることは企業や組織の中では暗黙の個人的そして心理的な健全さを保つ見えないシステムである。組織経営では大切なことだと感じる。

人は仕事にやりがいを感じるということは自分の能力を発揮出来ると言うことと、人間として向上出来ると言うことなのだ。さらに人の役に立っているということがあればいいのだがあまりそれは望めない。この中で人間として向上出来るという部分はほとんど意識の問題になる。ここには自己に照らす他者が必要になり年下でも異性でも外国人でも人としての意識の作用が自己を左右するのだ。機能的に区分された組織の構造の中にはあり得ない領域になる。自分に影響を与える意識の作用というのが「師」と呼ばれる対象になる。師は時期により変わったり、変質したり、立場が逆転してもいいものだがその存在は自己を成り立たせ安定させるためには存在として必要なのだ。欧米ではカウンセリングという一言で他人任せにされる。しかし日本ではここに気を配れる組織の体質が求められる。

〈危機管理人の休息〉……ちょっといい話

ポーランドの友好と友情

一九八〇年前後私は夏休みに文部省の外郭団体の仕事を手伝っていた。それは地方公務員のノンキャリア組の研修を引率をすることであった。場所は当時まだ未開放の東ヨーロッパのポーランド、ルーマニア、ハンガリー、チェコスロバキア（まだチェコとスロバキアは一つの国）で一年一カ国ずつ四年連続で行くことになった。すべてがホームステイという画期的な国家プロジェクトであった。仕事内容は、通訳、引率はもとより、帰りの切符までもたされすべてのコントロールをしなければならなかった。

一九八〇年はモスクワオリンピックが中止になった時のポーランドであった。友好団体と言うことで、政府の招請状を持って行くのである。その年はポーランドもワルシャワ市内であらゆるお店がストで閉まっていた。ステイの家庭でも日本人に食べさせる十分なものがなく、ただ申し訳ないと行って神に祈るのであった。毎日肉を市内に探し回り見つからなかったと言っては下を向いて謝るのだ。私の家では田舎で羊や鶏を調達してきたのだが、インフレで日本まではがきが五〇〇〇ズローティという料金の時で、お金がなく、物々交換だったはずだ。戒厳令下でもたくましく生活の仲間に入れてくれた。

そんなことが一週間続き何もしないまま帰るときになった。オトペニ国際空港まで全員がホストファミリーとたどり着いた。どこの家でも英語が片言なので細かい意志は通じないが、大変な一週間の生活で仲良くなっていた。我々が税関を通過したとき、二階の見える所にホストファミリーが全員並び一枚の横長の紙を広げた。みんなにこにこしながら、その文字を指さしているのだ。こう書いてあった。「わたしたちはにほんじんがだいすきです」平仮名だけのものすごく下手な文字であったが我々は心の目で読めた。これは「友好」というどこか打算が臭うさんくさいものではない、人が人に伝える「友情」なのだ。

実はこれには伏線があった。ポーランドの人は明治時代日本の沖で起きたエルトゥールル号の難破事件を知っておりポーランドの教科書にも載っている。日本人の見返りを求めない優しさを知っていたのだ。それに気付かなかった私は不明を恥じた。日本にこそ教科書に載せるべきものではないか。そうすれば次の代にも受け継げる話になる。

危機に関して自治体はメディアの力を利用せよ

東京で築地か豊洲かという市場の場所についての議論があった。他県の人は何ら関係はないのだが小池都知事をいじめる娯楽に近かった。土壌が汚染されている。手狭である。もう引っ越しの準備は進んでおり、その費用の補償をせよ。色々問題が出たが、要するに石原知事の時に決まっていたことに小池が待ったをかけたという所から始まった。小池の論法はとにかく安全、安心。移転先を調べたら汚染物質が出てきた。豊洲は埋め立て地なので何かが出てくるのは当然なのだ。

石原前都知事が召喚されて意見を述べていた。科学的に安全が証明されているのに納得しないというのは文明国の恥である、というようなことを言った。けだし、その通りであろう。ケチを付けるのはいくらでもできるが、ここでメディアが整理して欲しいことは安心と安全は同じ枠の中で議論できないという事だ。安全とは科学の問題、安心とは心理学の問題なのだ。理解とは論理の問題、納得とは感情の問題なのだ。石原は正にその点をついたのだ。

しかし、論理では政治は進まないということの典型であった。危機報道もすべて心理や感情の問題で識者が出てきて地震の可能性を言えば完全に危機直前ということになる。しかし逃げることはない。集中豪雨は数字では誰も納得しない。悲惨な声や、崩れ始めたという事ではじめて逃げ出す。心理的に危険なことを科学を使って説得するから切羽詰まらないで逃げ遅れるのだ。自治体の防災システムの問題ではない。情報の伝え方の問題なのだ。ＮＨＫは逃げろ、危険だばかり叫んでいる。夏は老人の熱中症対策で水や氷のことばかりを言う。そうではなく死にたくなかったらクーラーを付けろと言うことなのだ。それをどうしたら伝えられるか、自治体よりメディアの力が必要なのだ。

6　俗なことは男女とも心地よい

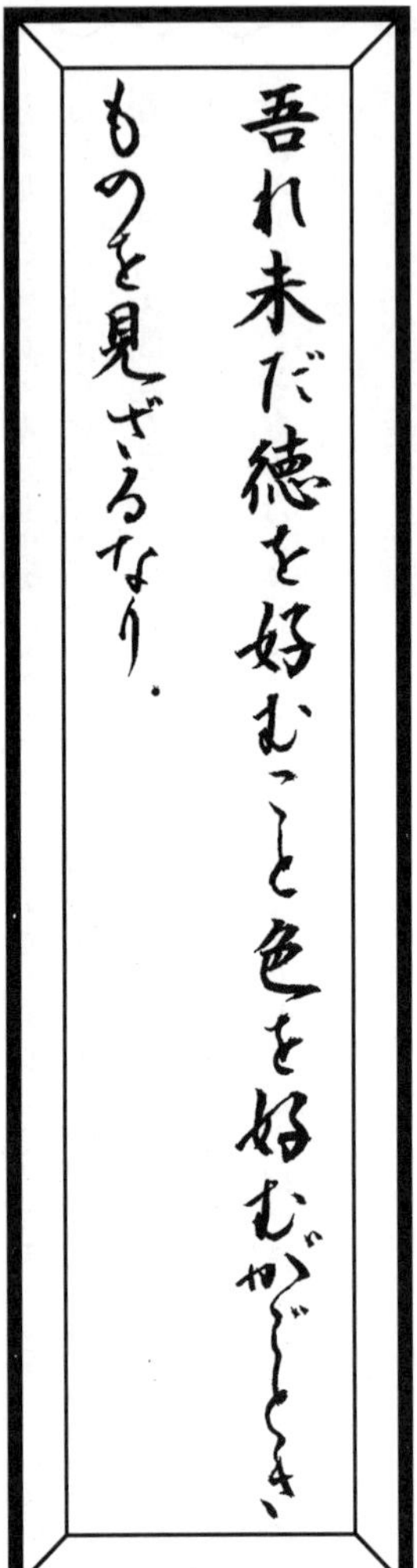
吾れ未だ徳を好むこと色を好むがごときものを見ざるなり。

「吾れ未だ徳を好むこと色を好むがごときものを見ざるなり」　〔子罕《しかん》〕〔衛霊公《えいのれいこう》〕

私は徳を修めるように弟子たちには指導しているのだが、どうも女性を好むのとおなじくらい熱心に徳を追求する人を見たことがない。

【解説】
孔子が俗人であるという証拠の部分である。徳を修行しなさいというのはいいが、どれくらい一生懸命かという比較に「色好み」を基準にしている。のどがからからの時の一杯の水とか大切なものをなくした時の探す気持ちとか、両親に対する孝行などはきわめて儒家的な正しい例が他にもたくさんあるのに、ここで色を出す気持ちの良さは孔子の人柄であろう。しかもこの文は「論語」の中には二カ所で引かれているおそらく当時の俗諺だったのであろう。

この部分の危機とは現代ではどんなことでもセクハラに繋がる。俗なこと則ちセクハラではないが、市井の俗人の好むところは酒、賭け事、女と相場は決まっている。今ではそんなことはないという人もいようが、男性の大筋は外さないだろう。なぜなら俗なことを何もせずにまっすぐ家路に帰る人が教科書では正しい人なのだが、魅力に欠ける人であるからだ。それは以前に蓮舫議員がＴＶで明らかに発表した。そういう真面目な人より秋葉原に出入りするオタクの方がまだましである。しかし問題になるのはこういうふざけていると思われるような考えは女性に少ないということだ。男性のやることは俗なことで女性のやることは趣味という言葉で処理される。

男性の好むところのイヤラシイ話は多くの場合セクハラということになる。ハラとはハラスメントで嫌がることである。しかし嫌がらない人もいる。こういう、基準の動くことで女性は守られているが、下世話な話は女性もかなり好むものなのだ。ただ男性と使う言葉や表現が違うだけだ。

中国古代でも日本の武家中心社会でも精神性としては女性の方が上だったことは明らかだ。特に江戸の町人層ではおかみさんの方が地域的、家庭的には勢力があった。日本では政治的立場を持たないと地位が低いとされる。歴史的に男女の差は社会的地位としては男尊女卑であったが、精神性では女尊男卑であったことは否定出来ない。

こうした状況での危機管理は男性としては心構えとかシステムの問題では無い。逃げ隠れるしかない。男女とも解放された環境では必ず間違いは起きる。しかし規制に縛られた閉鎖的な環境では男子は「見ざる、言わざる、聞かざる、動かざる」が賢い危機管理である。この格言は普通、「三猿」として人々の口に上り、アメリカ海兵隊では「スリーワイズマンキーズ」と呼ばれている。「論語・顔淵篇」に四つの「ざる」として「見ざる、聴かざる、言わざる、動かざる」という言葉がある。もちろん当時には危機管理などという言葉は無かったが禁止事項、やらない方がいいことはあった。だが女性のことを例に出して言うことは禁止されてはいない。男性の自然な心理であるものは規制をしても意味がないのだ。新聞のニュースをみればよく分かるであろう。セクハラ事件は当事者が抹殺され、排除され、解雇されるが無くなりはしない。規制のしかたがヒステリックで、女性迎合的であるからだ。

男女共同参画というのは女性の譲歩も必要ではないか。男性は我慢しろということではない。男性は単純、女性は複雑。男性は鈍感、女性は過敏。これは一般論であるが典型であり避けられないため、女性はスキを見せるなという事は女性が指導すべきセクハラ危機管理の一端であろう。年間何千件ものセクハラ被害、セクハラ事件、えん罪被害が発生している。これらはほとんど男性が加害者ということで落ち着かせる。男性の側からの論理的な反論、生理的側面での意見では説得力に欠けるが、それでも女性側にも責任があることは言えない本音であろう。男女共同と言うからには女性の男性側に立った理性的な意見が欲しい。しかしそれがほとんどあり得ない以上セクハラに関しての危機管理は「君子危うきに近寄らず」以外にはない。それは質的共同はあり得ないという事を指す。

〈危機管理人の休息〉……その通りだよな

人の悪口は蜜の味

「そんなことを言うものじゃぁない」という世間様の基準の他に現代では差別用語というものが出現した。「言うものじゃぁない」ではなく「言ってはいけない」のだ。昔より何割かは表現法が狭まってきた。しかし「言ってはいけない」言葉は蜜の味とは違って言葉が消えている。大人と子どもで会話が通じないという事態になっている。古い時代劇は注意書き入りでしか放送できないのだ。日本の歴史の陰の部分が意図的に消されている。

そんな中で、文学や芸能は伝統を引き継いでいる。落語や時代劇が復活しているのはそういう言葉を気兼ねなく聞けるという解放感もあるようだ。落語ではよく吉原とか赤線とかいう言葉が出てくる。亡くなった立川談志が面白いことを言っていた。「世の中で悪いものをなくすということは大切なことでそれはぜひやらなくてはいけないことだ。だが廃止するときに俺が一番頭にくるのは、よくないからやめる、それはいいよ。でもやめろといってやめさせた後よくなっているかということを、やめろといった人が検証してないんだ。赤線なんかいい例だよな。あんなもの職業的にも風俗的にも倫理的にもよくないからやめたんじゃぁないの。それで今よくなってるの。棲み分けという人の優しさがなくなっただけじゃぁないの」

こういう話は聞いていて気分がいい。なぜかというと内容が俗なことだからだ。こういう話や世界がなくなると何がよくないかというと、「粋」な文化までも消えてしまっている事だ。ＩＲ法も同じようなことだ。棲み分けの技術とは世の中を白か黒かに分けないことだ。グレーゾーンというのはアナログ的な日本的文化で、そういう中で「粋」も「俗」も育つのだ。思いやりや助け合いがお為ごかしではなく出来るには棲み分けの意識ができているということだ。人は気取ってばかりいるわけではないが気取りたいときもある。

不正とは入り口の公平感

東京医大の入試で女性も男性もニュースで賑わっている。官僚の息子の方は裏口入学で下駄を履かせたのに女子の場合は入れないようにするために削ったという事だ。両者とも公平さを欠く不正行為だが、上級公務員といわれるいわゆるキャリアの試験では女性合格の目標を達成するためかなり下駄を履かせているという。最も点数は資格試験だから一次試験をクリヤーしてからの下駄であろう。もちろんそんなことはしていないと当局は答えるだろうが。

女医の場合は大学当局が答えているような不都合が本当にあるらしい。女性の方もそれは認めているが、だから職場環境でフォローして欲しいということになる。そういうことが平等に繋がる。

一方、上級公務員も色々と不都合があるようだ。女性がやがて上司になった場合これを職場環境でフォローするとなると、部下がストレスを抱えるという。この点については近々女性官僚が解説をすることになっている。女性を馬鹿にするとか、能力が低いということでは全くない別の要素なのだ。まだここでは詳しく書けないが発表者が女性なので期待できる。おそらくメディアは無視するだろう。

小学校で担任が女性になると、あからさまに母親から文句が出るという。自分が女性であることに依るフォローはしない。そういう母親に囲まれていわゆるノイローゼになる女性教師は多い。この問題もメディアは無視を続けている。権利としては平等にはなるが業務としての平等はない。入社、入学の入り口の不正はメディアに叩かれる。入ってからの影響はメディアは無視をする。どこかを直さねばならないことは確かだ。

7　全部でなく、まあまあ出来ればよい

「備わるを一人に求むること無かれ」　〔微子《びし》〕

人には一人で何でも出来る事を要求してはならない。

【解説】

何でも出来る人を使うのは便利で効率的であるがやめた方がよい、ということを言う。これは儒家の考えの中でいくつかの中心の一つになる。一人で何でも出来た方が使い勝手もいいし、人件費も安いし、何よりも意思の疎通が図れる。普通の企業では重要な人材である。しかし中国のように人が多かったり、または会社の規模が大きくなると、遊んでいる人の方が割合的に多くなる。給料の無駄払いのような状態になるし、多数の人が技術的には他の人よりも劣ることになり、時間もかかるのだが、人を使うということはそういう能力の低い人を使ってやる体

制が必要であることを意味する。そのためにはそういう人の出来ることを作ってあげなくてはならないことも重要だが、最も難しいことは、何でも出来る人が能力を押さえること、あるいは何でも出来る人を採用するより一つ二つのことしか出来ないような人を採用することなのだ。その道のプロ、職人技とは一つのことしかやらないような人が長い年月でそうなるのだ。

「天は二物を与えず」ということわざは現代では通用しないことは誰でも知っている。能力の高い人は何でも出来てしまうのだ。しかしそれではゆくゆく企業経営はうまくいかない。人を育てるとは何でも出来る人を育てるのではなく、一芸のプロを、職人の多くを作り上げることなのだ。

おばかキャラでブラウン管を賑わすタレントがいる一方、最近では東大や京大の医学部で司法試験にも受かるような天才達のクイズ番組も人気を集めている。それはなんでも知っているという博覧強記の持ち主もいれば、暗号のような数字の羅列が何を表現しているかを洞察する発想の達人もいる。細胞や染色体の数まで割り出す様々な知識を結びつける総合力の持ち主に驚かされれば、こういうことを瞬時にこなしてしまうという顔つきにも異質のものを感じる。ピースをはめ込むパズルで一つのピースだけ除いて他をバラバラにし、除かれたピースの形を瞬時に答えるなど、エスパーのような若者だけのクイズ番組もある。こういう人達を「ただの」敏腕商社マン、町医者、辣腕弁護士、高級官僚などにしてしまう社会構造は天才を育てるシステムに乏しい。こういう人達は普通の社会には役立たず、特殊なことを考えるコミュニティで活躍させるべきなのだ。

まあまあ出来る人はよってたかって知恵を絞る一般社会の方で活躍させなければ色々な能力

の人で構成する社会は機能しない。そういう人がいるから世の中は不平不満を宿しながらもそこそこ動いて行くのだ。何よりそういう社会にこそ文学や哲学、倫理学、芸術などのドラマや学問が成立するのだ。危機管理とは完璧なシステムや、完全な人作りによって運営されるのではなくまあまあ出来る人たちによって処理されることが正しいのだ。

しかし一方で、危険性もある。それはリストラしなければならないとき多くの人を切らねばならず、解雇の嵐になる。そういう時は使えないところから切っていくものだ。要するにしっぽ切りをすることになる。これは言い方は悪いが、組織の体力である。つまり余剰生産物を抱えての倒産より余剰労働力を抱えての倒産の方が再生の方法は残っているということになるのだ。

今の中国ではこの両方が起きている。したたかな国民であるから、個人的になんとか這い上がるすべを多くが持っている。関係会社というものがあるのだ。こういう時、日本のようにハローワークが公助として存在するより、中国のように口利きとか、知り合いとか、賄賂とかいうどろどろした場所をまとめる会社の方がどれだけ役に立つか知れない。ところが日本ではシステムでなんとかしなければならないようになってしまった。

いったい危機管理システムとは危機のない社会構造を目指しているわけではない。前に挙げた天才達で構成する社会があったとしても危機は必ず訪れる。それは天才でも人間だからだ。危機のない社会とは人間であることを忘れることではない。危機管理とは危機を減らすこと、危機に対応出来ることなのだ。組織とはその大きさの比率によって辣腕とか敏腕とかいう人の存在は一人から数人でいいのだ。こういう人達は解雇されてもなんとか拾ってくれる神があるという種類の人達なのだ。諸葛孔明がこういう言葉を残している。「完璧な策は必ずどこかでほころびが生じる。それはその策を動かす人間が人であることを忘れているからだ。」完璧な人、マルチ人間とは弱いのだ。

〈危機管理人の休息〉……ちょっといい話

笑う論語

私はボランティアで「論語」の市民講座を三〇年以上も続けており、受講生の実力は高い。途中から参加した人、引っ越された人、そして亡くなった人、といろいろいるが、学生より人生経験があるだけに、内容の納得は体験を踏まえている。読み方などは、何年もこればっかりやっているのだから、白文だって扱えるようになる。

もう一〇年以上も前の話だ。補聴器をつけて一生懸命に毎回聞いている男性がいた。そういう人が「先生質問です。」と言うと、自然とこちらも机の角を握りしめたものであった。毎年一二月に行う最後の茶話会で、発言を求めて来た。若い頃は戦争の中で暮らし、態度も口調もしっかりしていた。

「私は今年、八七歳になります。三〇年くらい前に、貝塚茂樹の『論語』を神田で買ったんであります。小学校しか出ておりませんが、いつか読んでやろうと思っていたんであります。ところが、定年になり、孫の世話、町内会のこと、そのうち女房も死んじまったんであります。でありますが『論語』のことは忘れていなかったんであります。ところが三年前、この講座で『論語』をやるというので受講してみたんであります。三〇年ぶりに『論語』を取り出して開けてみたんであります。そしたら『論語』が笑っているんであります。『ああ、やっと開けてくれたな、三〇年間、待っていたぞ』と言っているのであります。私は学問がありません。でありますから知っている本というのはこの本だけなのであります。戦争にも行きましたが、北支で死ななくてよかったなと、今、しみじみ感じているのであります」

直立不動で私を「先生」「先生」と呼ぶ老人を前にして、私はこの人より先に死ねないと思ったものだ。そして私はこういう人たちによって育てられたのだ。

メディアは冷静に議論を整理せよ

杉田という自民党の国会議員がＬＧＢＴの人たちは生産性がなく、そういう人たちに税金をつぎ込む必要はないという発言が物議を醸した。その筋の人からは激しいクレームが来るのは当然で、メディアも社会問題として上々の扱いだった。しかしメディアの発表にはおかしいところがある。

私は杉田議員をかばってはいない。むしろ民主主義や論理をかばいたいのだ。「生産性がない」という言葉を一人歩きさせそれについての議論に絞っている。しかしそのことは誰が考えても当たり前のことではないか。当たり前のことをいった場合つるし上げられるのは場を弁えないということだ。酒を飲みながらの居酒屋なら許されるが場所と立場が問題なのだ。こういうことでメディアや野党に叩かれれ政治生命を棒に振った人は枚挙に暇が無い。

しかしこの問題はそういうことではない。生産性のない人たちに税金をつぎ込みたくないという点がいけないのだ。つまりＬＧＢＴの人たちには税金を使わないということであれば人としての基本的な権利を踏みにじることになる。

ＬＧＢＴの人たちは自分たちが生産性つまり子を産めないということは分かっているし覚悟もしている。育てる事はできるから問題は無いのだ。こういうのを議論のすり替えという。関係があるじゃあないかということは論理的ではない。ただのヒステリーだ。メディアは文化のオピニオンリーダーなのだから、議論を冷静に整理して欲しい。

8　勝負は四〇歳五〇歳、その後は社会に対応せよ

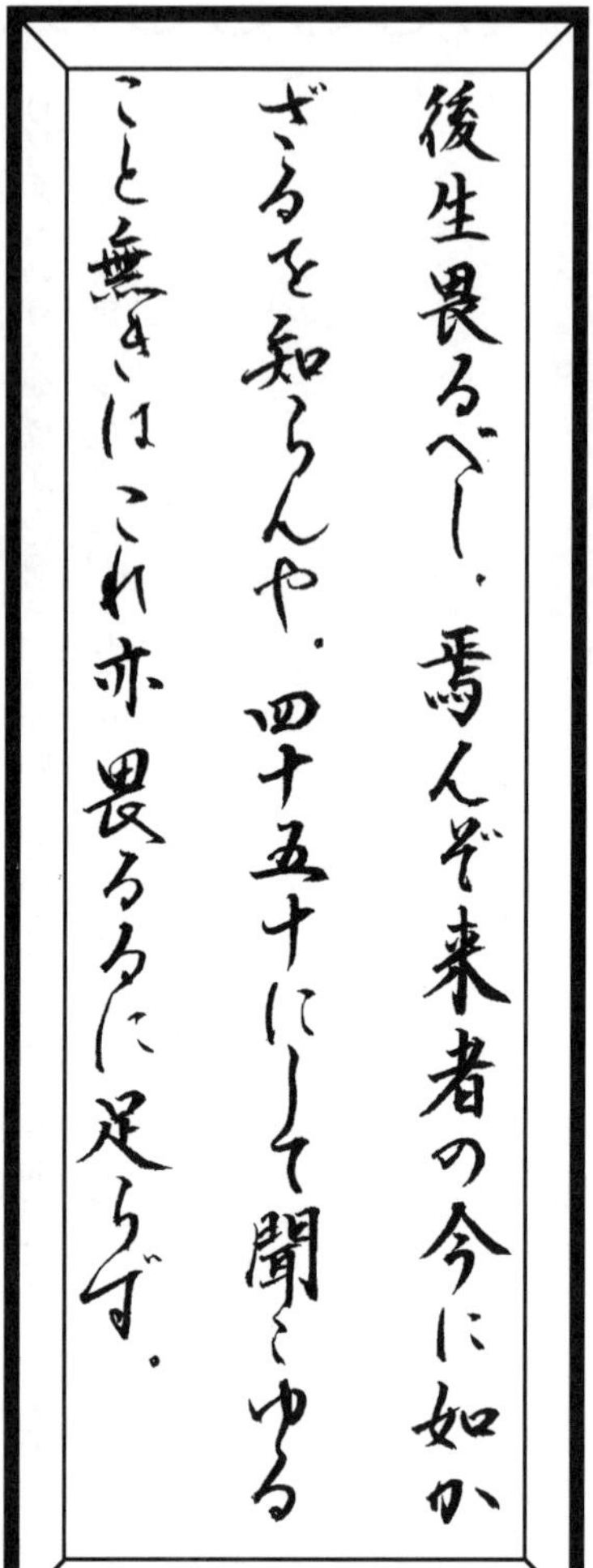
後生畏るべし。焉んぞ来者の今に如か
ざるを知らんや。四十五十にして聞こゆる
こと無きはこれ亦畏るるに足らず。

「後生《こうせい》畏《おそ》るべし。焉《いずく》んぞ来者《らいしゃ》の今に如《し》かざるを知らんや。四十五十にして聞ゆること無きはこれ亦《ま》た畏《おそ》るるに足らず」

〔子罕《しかん》〕

これから成長する次世代のものは脅威があるね。今まだ能力が低いからといって今の世に出ている人を超えないことがあろうか。しかし一方で四十歳五十歳になっても社会的な評判を聞かない人は取るに足りないね。

【解説】

アメリカのリンカーンにも同じような言葉がある。それは「人は四〇になったら顔にも責任がある」という言葉だ。歴史的に日本でも平均寿命のことを考えると幕府で政権を執っていたのは五〇歳までであろう。その後の多くは隠居して後輩に任をまかせたり、跡継ぎに家督を譲ることになる。現代では元気でいる稼働年齢が高いため、七〇歳ぐらいまでは通用するが何らかの仕事を成し遂げていない六〇歳は凡庸だということになる。もちろん職業の質によって幅はかなり大きい。ＩＴ関係では三〇歳代とも言われている。個人業主では六〇歳は脂ののっている時期である。

だがいずれにしても五〇歳や六〇歳で名をなしている人は四〇歳代で仕掛けているのは間違いない。若いのにという言い方で良くも悪くも評価はされていたはずだ。そうなると、人の充実した働き盛りとは三〇歳ぐらいから二〇年か三〇年で、後は引き継ぎや後進を育てることに充実を求めるべきだということになる。

一般企業ではなくお弟子さんを取るような職業では自分が向上しながらでなくては育てられないという事情もある。芸術家、職人、歴史や哲学の研究者などもそれに入るのかも知れない。年若いものは何とかして向上しようと思い、年寄りはまだ若い者に譲るのは早いと考える。両者を考え合わせた場合、未熟な年若いものの方が熟練の年寄りより使えるものだ。「孟子」にある「鎡基《じき》有りと雖も時を持つに如《し》かず、知恵有りと雖も勢いに乗ずるに如かず」という言葉はその事情をよく言い当てている。立派な機械があっても種をまくタイミングが合わなければ芽が出ない。いくら知恵や教養があってもやる気、元気、めげない気持ちのあるものにはかなわないという意味である。

二〇代三〇代の人は五〇代はじいさんに見えるし、六〇過ぎると四〇代、五〇代は若造に思える。しかし時代は確実に進み新しいことが導入されている。いつの時代でも四〇歳というのは区切りなのかも知れない。早めに幕を引いた方が世の中は進歩する。組織が社会の中に組込まれ、社会が国家の中で影響力を持つ期間は短いのだ。そういう稼働期間は三〇年くらいであろう。

孔子の時代は五〇歳までが全てであったが、今では七〇歳まで何らかで働いた方が良い。自営業とサラリーマンの平均寿命を調べてみると明確にわかる。四〇歳から五〇歳までにいる人は定年してからはじめる趣味以外のことを忙しいばりばり働いている時代に考えておかなくてはならない。したがってこれから人の評価は二度行われると考えた方がよい。

それが「五〇にして天命を知る」という言い方をして「論語・為政」でまとめられている。五〇歳を過ぎたら管理職であるかないかを問わず技術や方法、人間関係を後の世代に受け継ぐということが仕事であり、使命となる。特に出向先ではそういう仕事ぶりが大切になる。論語の世界ではここまでのことを問題にし、今までの組織経営や企業運営では定年が来たら放り出せばいいということになっていた。

ところが現代では働き方改革という事が問題になってきた。定年後まだ数十年あるのだ。これは定年後の生き方は現役の組織が責任を負うことは必要ないとされてきたがそうではなくなってきているということを意味している。大変なやっかいな問題である。これは障害者を一定程度雇用しなくてはならない義務と同じく本音で語れない組織の課題である。

「論語」のこの項目で扱った部分でも、おそらく他の書物でも五〇歳や六〇歳になんなんとする人が若い人に対する思いを書き綴っているものだ。書物から何かの知恵を得たい場合、書物で扱っている年代より先の高齢になってからの知恵は出てこない。そんな高齢の人はいなかったし、そういう人の活躍は求めてなかったからだ。

現代では余ってしまった人達、終わってしまった能力をどうかたづけて方向付けをするかの対策部門を作らねばならない。働き方という言い方を政府の方針として突きつけられたとき、発展的な方策として考えられることは組織や企業の業態とは関係なく個人の持つ潜在能力の質がクローズアップされてくると考えられる。定年後の趣味や職業として結びつくものはそういう能力なのだ。これは業績アップや組織の発展とはリンクしない異質なことまでも考えなくてはならない。

いわゆるフリーランスの分野だ。これには途中で退職した人も、定年を迎えた人も対象になる。労働基準法で守れないし保障もできない。タレント、歌手、トラック運転手、個人タクシー、コンピューターの指導、コネを付ける、いわゆる関係会社など様々な方向性を持つ。組織の危機管理の中にこういう分野も含めなければならない時代になると考えられる。

〈危機管理人の休息〉……その通りだよな

東日本大震災の数少ないメリット

東日本の長い列島で復興がどのように行われているかはマスコミを通してしか分からない。震災の起こる数年前、私はある仕事で女川の町おこしイベントを視察した。湾の中にある廃校の小学校を旅館代わりにして二泊した。子どもを立派な漁師にするための伝統的祭りのような船の儀式もあった。

そして震災が襲い町は一変した。後は報道の通りである。そしてその後立ち直りは大変早かった。多少メディアも取り上げたこともあったが表面的なことだけだった。実は女川は震災を機会に世代が変わったのだ。おそらくどこの地区も多少はそういうことがあるのだろうが女川はそれが激しかったのだ。

若い衆が集まり何度も何度も話をするがどこの組織でも同じ事が起きるのだ。それは今までやってきたことの維持を主張する派と新しいことをはじめようとする派とのぶつかり合いである。公務員と民間の差もそれと全く同じだ。多くは妥協で時間を取られる。落としどころとか、顔を立てるとかで実務的な話はなかなか進まないのだ。

女川の打ち出した方針は「六〇歳以上は口出すな」ということだった。他にもいろいろな方針があったというがこの一言ほど核心を突いているものはない。確かに以前のネットワークや取り決めとかを全く無視するわけだから大変だったことは理解できる。しかし事を進ませ維持するためにはこれが最も確実なのだ。全く異なる町になるかも知れないがいずれ時間がたてばどんなことをしても町は変わるのだ。

人が最もよく動き、全体を俯瞰する力が高いのは四〇歳から五〇歳なのだ。復興にはこれが最も効率的だった。年寄りはよくそれに従ったと思う。世代間のコンセンサスと信頼は下のものを中心にすべきだということは上の世代の寛大さにかかっている。

9　辛抱しなければ見えないものがある

歳寒くして然る後松柏の彫むに後るるを知るなり。

「歳《とし》寒くして然《しか》る後松柏《しょうはく》の彫《しぼ》むに後《おく》るるを知るなり」〔子罕《しかん》〕

冬が近づき寒い時になってほかの木々が裸になるのに、松や柏はそのまま葉を付け続けている。

【解説】

現代の中国人はヨーロッパ諸国の人々より事を速く済まそうとはしていない。ただ、それが辛抱しているという感情ではないのだ。一つの策略とでも言えよう。「辛抱しなければ見えないものがある」ということは伝統的な日本人に合った解釈の仕方である。中国やヨーロッパでさえも、じっと辛抱することがストイックで善いとされる事はあまりない。多くは臆病と言われる。辛抱強いと言うことは江戸時代から日本の文化意識の中にできあがったすばらしい考えであるが日本の政治外交でも、世界的にはいろいろと誤解される。先送り、結論を出さないという態度に移り優柔不断に見えるのだ。確かに中国もそういうところがあり、簡単に逃げにも回る。しかし日本と異なる点は見えないところで何か企んでいることだ。見えないというよりメディアが取り上げなかった。つまり国益とは関係ないと思っていた、ということだろう。しかし国益や社益には大いに関係あるのだ。

例えば尖閣諸島の問題でも明らかだ。日本が国家として領有権を主張しなかったときは中国は無視していたが、主張したとたん自国の領土だと言い出した。国益に関係することだったのだ。全く考えていなかったことでは無く沖縄や南東アジアの権益に関して水面下で着々と図面の中には書き込んでいた。そして日本が反応した瞬間顕在化させた。この「着々」が中国の辛抱であったのだ。日本の行動によってはっきりと全体像が見えてきたということだ。日本がちょっかい出さなければどうなっていたかというと、南シナ海の方に世界を注目させて尖閣諸島の方は独自のプランで進み、そのうち埋め立てにはいったかも知れない。

そもそも古典作品はなぜ現代まで残るのかという事を考えさせる。「源氏物語」「論語」は面白いからでも役に立つから現代に生き残ったのでもない。それは人類がなぜ絶滅せずに生き残ったのかに似ている。ダーウィンの「種の起源」には「人類は頭がよかったり力が強かったから絶滅しなかったのではなく環境に適応出来たからだ」と言っている。つまり古典作品も時代の環境に適応してきたと考える方が合理的である。自然科学の論文は新たな業績の踏み台にはなるが毎年着実に古くなる。なぜかというと解釈や論理に幅がないからである。古典作品は文学であれ、哲学であれ解釈が時代によって可変的なのだ。簡単に言えば、「論語」などはもともと何を言っているか分からない内容を持ち、時代に合うように、利用出来るように解釈出来る物なのだ。

適応ということは慣れるとも言い換えられる。改革ということとは常に対極で語られることだ。そして不都合が生じたときの対応が時代によって変化してくる。不都合はまず我慢するという時期がある。この時期は歴史では語られない。何もしないからだ。昔はこの時期が長かった。その時期の中で色々考えを巡らし工夫もできた。そして最終的にはあきらめがほとんどだった。しかし現代では公助が必要以上に整備され、準備されている。そこにまず泣きつくのだ。そして最後は妥協というあきらめになる。結果は昔と同じなのだ。異なることは昔は泣きつかずに考えたりや工夫をしたことなのだ。これの積み重ねは計り知れないものを生む。経済不況が長く続いたために社会構造も変化させ、様々な手を打った。泣きつくところがなかったからだ。倒産も多かったし、失業もあったが、残ったところではどのような辛抱をしたかを学び、不況や不都合に適応していたのだ。

辛抱が勝つところで顕著な業界は相撲だろう。角界で位が上がるにはもちろん才能もあるのだが、それを発揮するまでの環境への適応が問われるという事だ。廃業した人、逃げ出した人は怪我という障害以外にものすごい数に上るのだ。ある親方が言うには「白鵬は強くて横綱になったのではなくいち早く相撲界に適応出来たからだ」という事はそのところの事情を物語っている。

第二次世界大戦中、戦艦「名取」がフィリッピン沖で沈没した。約二〇〇名がカッターで西へこぎ続け約十数日でフィリッピンに到達した。食料は一日六グラムの乾パン、水はスコールだけ。強靭な精神力と体力の兵士たちだったが、基地に着いたとき看病した海軍軍医が食料を重湯しか与えなかったという。生き延びた兵士達は夢に見た腹一杯の食事と水を最初に制限されたのだ。生き延びた将校達は刀で軍医を切り殺そうと思ったという。しかし軍医は「水と食料のないところで生き延びてきたということはそういう環境にからだが適応しています。そこで普通のご飯を腹一杯食ったら朝までに全員死亡します」と言ったという。環境への適応ということはここまで人を変えるのだ。言い換えると、生き延びた兵士達はカッターの中で日常では見えない多くのことを見たのだ。

〈危機管理人の休息〉……ちょっといい話

見てはいけないもの、見なくてはいけないもの

これも若かりし時の話である。私はそのときスイスのジュネーブで乞食をしていた。昼時レマン湖の畔のベンチに腰掛けていた。同じベンチにひどいフランスなまりの英語を話すおばあさんがいた。「やがてここをジェラルディン・チャップリンが通るわよ」チャーリーチャップリンの娘で、彼女も世界的に有名な女優であった。スイスに暮らし同じ時間に同じレストランで昼食を摂るらしい。これはサインをもらうチャンスだと思い用意した。

やがて私の前に来る寸前で、そのおばあさんが「ウオッチヨウシューズ」という。靴紐が解けているというのだ。やばいと思ってみるとほどけていない。その瞬間に彼女は通り過ぎてしまった。そのおばあさんは「あなたに彼女のプライバシーを破る権利はない」というのだ。しかし知り合いだから、レストランで紹介すると言って連れて行ってくれた。

おばあさんと私に気づいていた彼女はその経緯を知り食事の後、いい所に連れて行ってくれるという。車で小一時間走り、山の上にある大きな建物に着いた。そこは当時世界的に有名になっていた「サリドマイド奇形児」の施設だった。「サリドマイド奇形児」とは一種の薬害で親が薬を使うと子は両腕がなく肩から直接手が出ている障害児として生まれるのである。やはり我々健常者の意識からすると異様な光景である。私はいたたまれず目をそらした。するとジェラルディンはきつい口調で、「ウオッチゼアハンド」というのだ。

若い私はジェラルディンから大切な二つのことを教えられた。見るべきものと見るべきではないものは同じ一つの目の中に存在している、ということ。もう一つどんな目で見ても彼らの救いにはならず、彼らも平然としているという演技をしているのだ、ということである。優しさとはお互いの演技力によって成立する。照れ、ぶっきらぼうは少なくとも偽善ではない。不器用な純粋さが一番のおもいやりなのだということがわかった。

10　賄賂は正当な社会行為

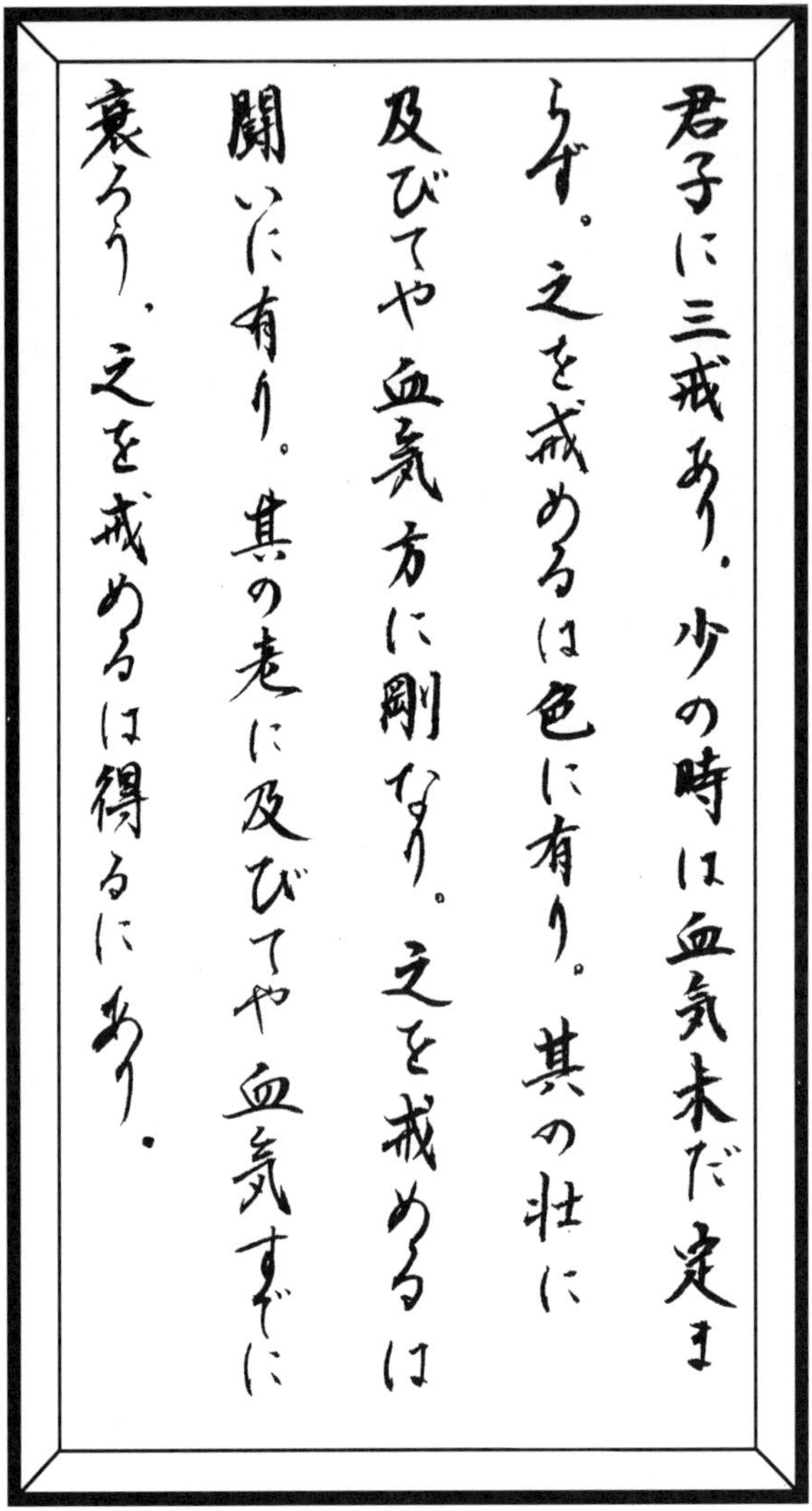
君子に三戒あり。少の時は血気未だ定ま
らず。之を戒めるは色に有り。其の壮に
及びてや血気方に剛なり。之を戒めるは
闘いに有り。其の老に及びてや血気すでに
衰ろう。之を戒めるは得るにあり。

「君子に三戒《さんかい》あり。少《おさな》き時は血気《けっき》未だ定まらず。之を戒《いまし》めるは色に有り。其の壮《そう》に及びてや血

気方に剛《ごう》なり。之を戒めるは闘いに有り。其の老《ろう》に及びてや血気すでに衰《おと》ろう。之を戒めるは得《う》るにあり」〔季氏《きし》〕

君子には自分を戒める三つの方法がある。年の若い時は誰でも血気が押さえられないものだ。そういう時は女性とつきあうのだ。壮年になったら血の気は凝り固まってコントロールを利かせながら強大になる。そういう時はむやみに我慢せず戦うのだ。そして年老いてくるとようやく衰えてくる。そうなってからでも血気は異なる形で漏れ出てくるものである。そういう時は贈り物で静めるのだ。

【解説】
人にものを頼むには見返りは必要。よその家に訪問する時は手ぶらでは行けない。こういう考えは中国には歴史的に根強い。ヨーロッパにも古来「互酬」という似たようなものがあると聞く。人間の無償の行為は「愛」以外無いらしい。とはいえいわゆる賄賂は仕方が無いことで、善いとされたことはない。必要悪の習慣だった。現代でも中国人社会は高い地位には長いこと止まってはいけないことになっている。それは賄賂を取る順番を公平に回すことだといわれる。習近平はこの歴史的、国民的悪弊をきれいにしようとしているようだが、革命を起こすより難しいということは自分がわかっているようだ。取り締まってもおとなしく失脚してくれるはずがないからだ。北朝鮮のように殺害してしまえばそれで終わりだが表だっては国際社会が黙ってはいない。

「論語」では賄賂をいけない行為とは書いていない。「季氏篇」「子張篇」に「得るを見ては義を思う」という言葉が見える。義にかなっているなら賄賂を受け取っても差し支えないのだ。アメリカでは許される金額まで決まっている。その点日本のマスコミはヒステリックだから、五〇万円でも官僚をやめなくてはならない。政治家の献金は億の単位で行われるが政治献金という名前を付けられれば五億でも首にならない。

公務員では禁止されていることが一般企業では普通に行われていることの一つがお歳暮お中元の贈り物だろう。その時期になるといただける方の組織では会議室一杯になることもある。もちろん、もらったからと言っていきなり関係が深くなることはないし、出したからと言ってもらうこと、あるいはその時期にまだ元気であると言うことを示すくらいのものなのだ。こういうものは名刺代わりで名前を覚えてもらうこと、あるいはその時期にまだ元気であると言うことを示すくらいのものなのだ。こういう習慣には公務員の前提にあるような公平という感覚はあまりない。むしろそういう感覚を持ってもらわないために行う習慣なのだ。それはどこでも承知の上なのに、贈り物に不公平感で閉じ込めてしまうのは悔しい思いをしたところとその肩を持つマスメディアなのだ。

中国の習近平政権が盤石になったのは腐敗撲滅があるからだというメディアの論調は正確ではない。メディアは腐敗則ち賄賂という構図で報道するがそんな単純なことではない。「関係」「身内」「改竄」「陥れ」「侮辱」など人を欺く卑怯行為なら何でもやるうちの一つが「賄賂」なのだがそれは許容された「役得」、「権益」のうちなのだ。失脚させられているのはその規模が莫大な人に限っている。またこれらを卑怯とは思わないという国民性がある。

そしてこういうことは日本の組織でも生活の知恵として少なからず行っている。しかし中国とは中味が全く異なるにもかかわらず、言葉だけが同じように使われる。メディアと国民のヒステリック性に危機が煽られるのだ。しかしそういう対象とうまく付き合わなければならない。うまく付き合うとはいわゆる賄賂ともつきあうということだ。そうしなければ国際的にも国内的にもやっていけないのだ。どこの国でもまた国内のどこの組織でもやっていることは上手に運ばなければならない。賄賂とは知恵を絞り形を変えて手土産を渡すことであり、やめることではない。やめたらすべての組織、企業が国営と同じことになるのだ。独自の基準と、個人の倫理観、そして相手方の基準も公にして世間の過剰反応と戦うべきだろう。

〈危機管理人の休息〉……その通りだよな

賄賂は腐敗ではない

　私たちがよそのお宅に訪問したり、頼み事をしてもらう、洗濯物に多少の迷惑がかかる、留守をお願いする、こういうときは簡単な手土産を持って行くのは当たり前だ。好意に対する感謝や迷惑に対する償いの意味がある。これが近所付き合いや人間関係の潤滑油になる。少なくとも個人的な付き合いはこれが通用する。しかし相手が大きな組織や公である時「賄賂」と呼ばれる犯罪になる。
　細かいことをいうと、次のようになる。公官庁の人が事業と少しでも関係ある人達と食事するときは割り勘にせよ。あるいはあらぬ疑いがかかるからそういう行為はやめなさい。先輩、仲間であってもおごられてはいけない。後で領収書で確認する。

厚生労働省に勤めている女性が休みの日に動物のボランティアをしていた。もちろん金銭のやりとりはない。しかも休日にである。これが発覚してまず届けなさい。次に月三回までにしなさい。そしてお茶や食事の場には出ないように。こういう通達が来たという。

つまり公務員という職業になったら、人のために好意で尽くしたり、ご近所づきあいや友人との旅行もやめなさいということになる。なぜかというと千人に一人でもまた誤解であっても一般人からこういう人がいるようですがどうなっていますかという質問の電話があった場合、それなりに対処しなければならない。そうなると調査や当時者への聞き取りとか時間や手間を使わなくてはならない。一人への信頼が全部を代表すると言うらしい。

多くは過剰反応なのだ。それは公平さを欠くという不正に対する抗議になる。狡い、卑怯はいけないという昔からの日本文化なのだが、行きすぎると円満に回っている社会関係が崩れる。極端に言えば当事者同士のお金でしかも納得していれば第三者の関与することではない。中国社会はそれでうまく回っている。摘発しても習慣は残しているのだ。

11　企業倫理、個人の信条は志操堅固に

子貢曰く夫子は温、良、恭、倹、譲、以て之を得たり。

「子貢《しこう》曰く夫子《ふうし》は温《おん》、良《りょう》、恭《きょう》、倹《けん》、譲《じょう》、以て之を得たり」〔**学而《がくじ》**〕

弟子の子貢が孔子について語った。先生は穏やかで、素直で、恭しく、慎ましやかで、控えめだからいろいろな人から相談を持ちかけられるのだ。

【解説】
ママさん向けに「論語」の教養講座を行っている所がある。そこは子ども連れＯＫでいくら騒いでもよいという条件がある。誰でも遠慮してなかなか集まらないものだ。それでも毎回

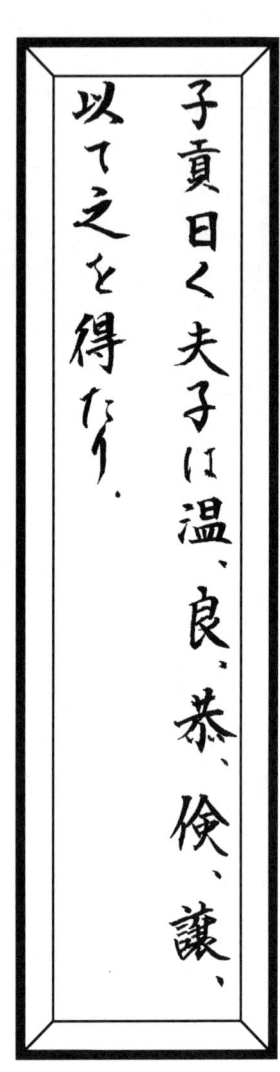

数人のママが一人あるいは二人の幼児をつれて出席している。子どもの集中はもって三〇分だ。走り回ったり、行進をはじめる。積み木を投げあい、大人達に関心を持ってもらいたいことをはじめる。そのうちに大声で泣き出す子も出てくる。まあ学問ができる環境ではなくなる。ママ達は子どもを抱えたり、膝の間に入れてなだめたり、追いかけて鎮めようとする。それを子ども達は追いかけっことして面白がる。普通ならそういう講座は成り立たないでやめるだろう。しかし子どもを追いかけるママ達はそういう時でも左手から「論語」の本を離さず、聞き耳を立てているのだ。

戦争のような子育てという環境の中でも激しい、しかも透き通るような向学心を見る。このママ達を前にすると講義は続けないわけにはいかない。子どもは環境をよくすれば学力が向上するという神話を信じて塾や家庭教師を求めるママが多い。しかし子どもは本を片手に自分たちとともにお勉強をしていた自分のママを忘れるはずがない。親の向上心という信条が何よりの子どもの教育ではないか。背中で教えるとはこういうことを言う。親父だけの言葉ではなく組織の管理職にも言えることなのだ。何より母親のことを一生忘れないということが教えを物語っている。

草津のある大きな旅館の女将さんの話である。埼玉県から嫁いで小さなことから大きなことまで色々と苦労があったという。とにかく嫁いだときは木造の家屋一軒だけの旅館だったそうだ。そして最も大きな危機は東日本大震災であったという。群馬までは直接の被害はなかったが計画停電で草津の町が真っ暗になったという。それも一日や二日ではなかったことは日本中が承知している。一般家庭ならろうそくがあり、企業や病院なら長期であることが分かっていたので自家発電装置を導入出来た。しかし旅館街となるとそうも行かない。一軒だけ生き残っても観光客は見捨てるし、町そのものが死んでしまうという。

そういう中で女将さんを救ったのは銀行でも、篤志家でも、一般企業でもなく、「子の心に茅（かや）かれ」という一つの言葉だったという。それは「孟子」という本にある言葉で、人の心の中には誰でも一本の小径が通っている。しかしいつも歩いていないと茅という雑草で道がふさがってしまう。だから人は常にその道の茅を刈り続けていかなくてはならない、という意味だ。意味するところは今で言う「継続は力なり」だが、中国古代の「孟子」の頃に「継続は力なり」の言葉はなかった。この言葉は明治維新後西洋から伝わったものの翻訳と言われる。

しかしどこの国でもいつの時代でもそういう概念はあった。中国では「孟子」のこの言葉なのだ。しかし実際「孟子」にこの言葉は無い。「孟子」には「茅、子の心を塞ぐ」という言葉だ。誰がこんな風に翻訳したのかというと幕末の指導的立場にあって「孟子」を信奉している人だ。おそらく吉田松陰あたりではないかと思う。この言葉を何年か前に「政治を知るなら孟子に学べ」という本から覚えたという。

つまり、どんな時でもあきらめず動き続けなくてはならない、という言葉に励まされたという。東日本大震災の時も、戦争の被災の時も、関東大震災の時も、天明の飢饉の時も、多くの人がこういう言葉に救われたのではないかと考えられる。危機を救うということだけではなく、古代中国の秦は「法家」という哲学で全土を平定したが、その後、漢に「儒教」という哲学がなかったとしたらあれほど続かなかったであろう。江戸時代も「武士道」という哲学があったから長続きをした。こうして何かを成立させ、形にし、維持するためには哲学や倫理が必要なのだ。たとえ言葉一つでもしのげるのだ。そのことを草津の女将さんは身を以て経験したのだ。言葉の感覚が鋭敏な才媛であったことには間違いない。

★子貢《しこう》　衛の人　姓は端木《たんぼく》　名は賜《し》　字は子貢

孔子の弟子で三一歳年下。孔門の第一人者。弁舌が巧みで外交交渉では大きな仕事を次々にこなした。聡明で「論語」の中に最も多く登場し孔子の信頼もうかがえる。孔子の思想を質問によって引き出させ、それが後世に伝わっている。また利殖の才能があり、孔子の放浪中の経費や外国の高官に会うためのお土産、貢ぎ物は彼の調達であった。また孔子が亡くなったときの葬式費用一切をまかなった。孔子は有り難かったが多少苦々しくもあったようだ。現代で見ると司会の久米宏、石坂浩二のような人だったかと思われる。

〈危機管理人の休息〉……その通りだよな

『優しさ』とは何か

ニュージーランドの東にチャタム諸島がある。そのなかのまた小さな島の話である。島民達は貧しい中でも楽しく生計を立てていた。その中のある島であるとき島の歴史はじまって以来の大変なことが起こった。耳の聞こえない子が生まれたのだ。その子が大きくなるにつれて当然のことながら言葉が話せないということになる。そこで島の村長さんは考えた。この子も島の一員だからこれから不自由のないようにみんなでサポートしなくてはならない。それで村長さんの下した方法は島民全員が手話を覚えるということだった。

村長さんの考えは島の掟や習慣を守って行くためには一人でも脱落者がいてはならないのだ。普通ならその子に大変な苦労を課してみんなについて行かせるという選択肢しかないのだが、ここでは島民がその子に合わせたのである。村人全員に文化や伝統を守るという大きな使命と哲学があったのだ。これが国家レベルの優しさである。

文明の発達した大都市ではそういうことは出来ない。切り捨てはしないがハンデはかなり要求されるだろう。それはしかたのないことなのだ。しかしこの島の考えを大きくして限界まで持って行くのが国家形態ということではないだろうか。「好きなように生きなさい」とか、「ありのままでいいのよ」とか、「我慢してはいけません」とかの考えは決して集団の考え方ではない。ましてや優しさでも何でもない。国家レベルに大きくなればなるほど難しいことであるが、アメリカでも、ロシアでも、中国でもそれなりに国家としての哲学、方針、考えは感じられる。しかし今の日本にはあまり見られなくなった。バラバラが自由で心地よいというのは平和だからである。武士道とか、儒教とか、様々な考えはあるが人は一つの考えを持つべきなのだ。統一した考えは危険だという思いは歴史的にも国家形態として長続きするはずはない。これも危機管理の大切な一つではないか。

【三】個人の危機管理……君子の形

1　愚者をよそおう

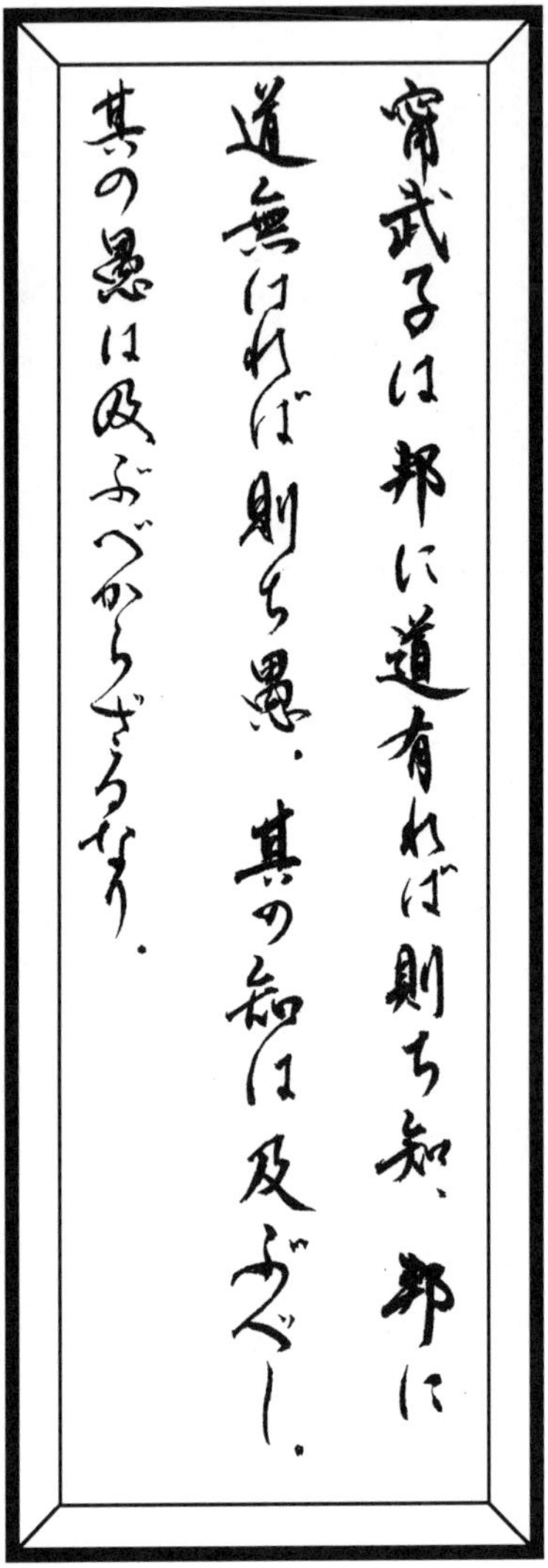
甯武子は邦に道有れば則ち知、邦に
道無ければ則ち愚。其の知は及ぶべし。
其の愚は及ぶべからざるなり。

「甯武子《ねいぶし》は邦に道有れば則ち知、邦に道無ければ則ち愚。其の知は及ぶべし。其の愚は及ぶべからざるなり」　**〔公冶長《こうやちょう》〕**

甯武子という人は国が政治的によく治まっている時は持っている知識を使って国のために尽くした。国の政治が乱れてしまったら愚者を装った。安定した国で知識を発揮することは私にもできるが、乱れた国にいて愚者を装うことはできそうにない。

【解説】

状況を設定するのが難しい場面であるが、自分の生活を取るか仕事を取るかに追い詰められ、これ以上やると両者とも崩潰するという究極の時がある。普通はそれでも仕事を取るために事件が起こるということになる。病気になったり、事故を起こしたり、離婚をしたりして結果として社会問題となり改善されるという事態は今どきやめた方がよい。どう転んでも自分がダメになるという仕組みになるからだ。そういう時に「なりすまし」「フリ」を使うのだ。

男性は特に「道家」の思想世界ではそこら中に出てくる、隠者と呼ばれる一群の人々のことだ。「論語」の中には「論語」批判をする隠者として何人も登場する。それらの人を孔子は一応尊敬の念を持って対応している。批判がましいことを言うのは隠者の方だ。お前は決まりや礼儀などを大切にしているがそれは人を縛り付けるものだとか、孔子の弟子にも、お前あんなところにいるより俺たちの所へ来いよなどと誘いをかけている。こういうことを「論語」の中に取り上げているのも孔子の考えの中にも自分の考えに多少の揺れもあったのではないかと思われる。

孔子の言う「正しい愚か者」のふりの典型的な例がある。「私は弟子の顔回と一日中会話をしたことがあった。彼は私のいうことに全く逆らわず何の考えも持っていない愚者のようであった。その後そっと彼の私生活を見てみると、はっと我が身を正さなくてはならないようなところがある。彼は愚か者では無い」顔回とは弟子のうちでも特別な高弟である。見えないところで努力し、自分を磨いていく恐ろしいほどの君子である。

歴史的に王朝の跡目争いでは妾腹の子と実子との争いで殺されないためには愚者、狂人のまねをした人も多い。中国古代の殷王朝の最後の暴虐な王、紂王《ちゅうおう》を諫めて聞き入れられず狂人を装った叔父の箕子《きし》が有名だ。朝鮮の祖先と言われる。同じ伯父でも現代北朝鮮の方は消されてしまった。こちらはすでに要職に就いていたので古代中国の故事を知っていてもいきなり狂人のまねはできないだろう。

現代社会を見ると、出来ることなら、「君子危うきに近寄らず」が最も効率的だが、使われる身になるとそうも行かないという人はいる。愚者を装うということは最初からそうしなければならないことで、途中から愚者になると病気にされてしまう。入社したときや、配置換えの時はばりばりやらないことだ。中国人はその点よく周りを見るしたたかさを持つ。日本人の多くは正直すぎ、認めてもらおうという欲求が強すぎるのだ。しかし一部には手を抜きたがる人もいる。出世や立場を高くしようとはせず楽に生きるのが自分の信条だという人だ。ドラマの釣りバカはその典型的な例だろう。主人公の浜崎伝助君が有能かどうかは分からないが、出世しようとはせず趣味に生きるためには釣りバカになる必要がある。

芸能界では大阪漫才のボケとツッコミのボケ側は一見愚者であるが本当に愚かな人ではボケは勤まらない。東京の方ではおばかキャラを売り物にしているタレントもいる。こちらは本当にバカなのかも知れない。また、ガッツ石松や長嶋一茂も賢者とは言い切れないが「おばか」キャラのメッキはすでにはがれている。決して愚者ではない。

確かに愚者となればとても楽なのだ。それほど責任性は辛く嫌なものであることは当然だ。

ただ仕事をさせられるということが気に入らないというよりも、最も辛いことは実力の伴わない上司に仕えることなのだ。そこでいわれのない責任を負わせられるよりも実力のない自分を演出したほうがよい。こんなことをしていると、組織のためにならないことはいうまでもないが個人的な危機管理はこうするほかはない事がある。

ただこういう愚者という対象は哀れで汚く、みすぼらしくばかげて表現されているが、現実的にはそれほど哀れさや、切なさ、寂しさは感じられない。ニヒルな自己本位な人達だと思われる。寒山《かんざん》や拾得《じっとく》というよく墨絵に描かれているようなにやけた汚い存在なのだ。そういう精神的な存在を表している。実際にいるかどうかは疑わしい。本当にそういう人達は路上や山奥で目にするが誤解されていることが多い。元は大学教授だったとか、大金持ちが嫌になったとか、人は劇的に作り上げるのが好きだがただの浮浪者のことがほとんどだ。

組織の中には必ず汚れ役をする人がいる。尊敬するに値する人だがそういう人は愚者とは意味が違う。愚者とはあくまでもニヒルに生きている利己的な人なのだ。要するに逃げを打っているのだが、悪いわけではない。そうしなければ個人的に居場所のない人もいるのだ。これも極限では生き方として容認出来るものだ。しかしいずれはばれることは前提だ。ばれて結局は賢者であったということにならなければおさまりが着かないのだ。愚者をよそおう君子は男性として目指すべき一つの方向ではないだろうか。

一方、女性にとっては責任を持ちたくないが何か組織の役に立ちたいという人が非常に多い。池波正太郎も言っているが、女性は現実に生きることは強いが神経の働きは自分と自分のすぐまわりのものにしか働かない、という事は職場で明らかになることが多い。つまり女性にとっては愚者をよそおうという手は使えない。自分の誇りに耐えられないからだ。

★甯武子《ねいぶし》　衛の人　身分は大夫　姓は甯　名は兪《ゆ》　謚は武衛の国難を救った人。孔子より前の時代の人。

〈危機管理人の休息〉……その通りだよな

世間様を相手に生き抜く方法

政治家や、マスコミの論調に「きちんと」「しっかりと」「納得いくように」「説明責任」こういう言葉が流行っている。「ざっくりと」「時間をかけて」「そっとしておく」「うやむやに」こういう言い方は許されない。誰が許さないかというと「世間様」が許さないのだ。しかし人の記憶から消えれば許したことになる。この「世間様」というのは「メディア」のことで現代ではメディアに分からないように生きることが最も安心、安全な生き方なのだ。とくにそれなりの立場にいて少しでも注目の集まる人は持ち上げられるのもはめられるのもメディアである。メディアとはネット、マスコミ、うわさなど人を対象にして面白がり、責任を取らないアイテムである。

こういう社会に生き抜くには正しく生きたり、正義を貫いたりすることより逃げ隠れたりすることの方が合理的で正しいのだ。反社会的なことをしているわけではない人は特にこの生き方を選択する必要がある。会社や、地域、家庭、対人関係に精一杯尽くし、評価もされているのに最後に顔に泥を塗られたり、しっぽ切りにあったりする悔しさ、理不尽さには世間様は同情してくれない。そういう人の方が世の中には多いのだ。

逃げということを人は卑怯と言うが、とりあえず逃げておかないと袋だたきにされる社会だ。きちんと謝っちまえばいいのにとか、言い訳しなければいいのになどと世間様は言うがもしそうしたとしてもそこにいる限りは謝罪や、理屈などは通らない。とにかく結果だけで面白がり正義漢ぶってくるものからは逃げるしかないのだ。なぜかというと報道や情報は疑いをかけられた人に同情的なことは決して言わないからだ。メディアを批判するメディアの存在こそが成熟した社会なのだ。そういう社会があり得ない以上忘れ去られるまで時間をかけ、そっとしておき、うやむやにすることも人権の一部であろう。

2　親と子は世代を管理する義務を負う

「三年父の道を改むる無きは孝と謂うべし」〔里仁《りじん》〕

父が亡くなって三年間は父の生き方を継ぐことが親孝行というものだ。

【解説】

家庭内の危機管理である。そもそも現代の都市化の進んだ地域の家庭には一家の柱が弱い。一方で掟や家訓というもののある家もある。それは言葉や文字だけでは空疎なおまじないになるだけであり、それを守る絶対的な対象がなくてはならない。地方都市には今でも根強い。これを都会人は閉鎖的、柔軟性がないとよく言うが、全くの逆で、江戸以降そういう共同体があったからこそ地方の小藩でも改革が出来たのだ。一家に中心がないというのは家庭の責任放棄と自信のなさから由来している。昔は中心が父親であったが、現代では母親が強い。沖縄では祖父母だと聞く。いずれにしろ崩壊させないようにするには中心が必要になる。

我が家は自由ですから、というのが最も崩壊しやすい。それでも崩壊していない家庭は家庭の構成員の能力の高さか、無神経な家族である。崩壊しているかどうかは周囲の家庭から見ると明確に知られている。バラバラ家庭は一種の共同生活と変わりはない。

親孝行の最大のことは子どもが無事であることだ。次は子どもが成長したときは立派な社会人となって独立することだ。その次は跡継ぎが生まれること。そして最後は自分より先に逝かないことだ。その中でも父は息子を見て、母は娘を見て自分と同じだと思わせられる現場に巡り合わせたときが親孝行を感じるときだ。サラリーマンなら跡継ぎに関しては意見の対象にはならない。子どもの自由にしていますというしかないからだ。しかし個人営業や、自営業の場合は親として家や自分の職を継がせたいのは当然のことだ。特に職人となれば技の継承という点でも跡継ぎになって欲しい。現代は多くの子どもが親よりも学歴が上がり後を継ぐということが簡単にできなくなった。企業に使われていた方が倒産の危機は避けられる。

以下に三つの例を挙げる。一つは親が旅行業を営んでいて従業員もいる。息子は損害保険会社に就職し、秋田に赴任したとき自営業の一人娘を嫁にもらった。向こうに住み着く直前にオヤジが決死の覚悟で七回説得にいった。どういう条件を並べて向こうさんを説得したか分からないが、結局八回目に帰ってくることになった。七転び八起きであった。

二番目は息子は商社に入り海外赴任をしている。親は町で小さな八百屋を営んでいた。国立大学に入ったので学費の心配はなかった。その町では手広くやっていたがとにかく田舎でのどかであった。両親はそのままでいいと思ってはいなかったのだが急に父親が亡くなった。母親が店を継いだが母親は店をやめようとは思わず、息子に継がせようとした。外国から息子を呼びやはりなんと説得したか分からないが、息子はもういい年で役職まで持っていた時にお店を継ぐことになった。商売などやったことはなかったが親戚に指導され着々と店を大きくし、現在では関東近辺にいくつも支店を構える大きなスーパーになっている。屋号だけはそのまま使っている。

もう一つはいまだ始まってもいないのだが、町医者で跡継ぎがいないのだ。男の子が一人いるのだが、独立した前後に離婚をし、母親の元で医者にはさせない教育をしているようだ。やがて医院の借金は返せるもののその後の希望も方針も立っていない。

一世代でもこれだけ大変なのにこれを三世代続けるとなると、今の日本の社会制度の中では豊かになっただけに難しい問題だ。逆に後を継がせて倒産ということもある。いずれにしても現代では親の意思を精神的にも継いで行かせるということは必要で、大切なことであるという考えが希薄になっている。自由でいいんだとはいっても子どものために親は人生を大きく転換したり、将来を考えて莫大な借金をしたのだ。それは継がせるということまで含まれているとみるべきだろう。一家を守るというのも君子の大きなつとめである。

〈危機管理人の休息〉……ちょっといい話

親が子に与える財産

一昔前、残留孤児という言葉が流行った。実は今その三世が高校生になる時代なのだ。両親が中国人なのに本人は生まれも育ちも日本人ということである。両親が二人ともに中国人だが、自分は生まれも育ちも日本なので中国語は話せない。両親は片言の日本語。そうなると生活範囲、生活環境も全く異なる。子供の方がはるかに日本的であるということは当たり前になる。子供も日本人としての将来を描き、両親の親戚とはほとんど付き合いがない。進路などで両親と意思の疎通が十分には出来ないことになる。

そんな子があるとき私のところへやって来て変なことをいうのだ。私の両親は中国人なのだが、小さいときから呪文のようなものをいわされていた。実はその生徒の父親が最近亡くなったばかりで、母一人子一人になったという。母は父より日本語が出来ない。お葬式の時もたくさんの中国人が来たが、話が出来ないまま笑うことも出来ずにじっとしていた。でもこの呪文は父がお風呂や寝るときによくいったもので、父の形見のようなものだという。昔は気にならなかったのだが、最近いったい何なのか分かりたいという。

「チュンシャオ、チュンミン　ブーチュエシャオ　チューチューウェンティーニャオ　イエライフォンウィーション　ホアルオジーヅオシャオ」

初めは私もなんのことかまったくわからなかった。何度も何度も言わせてみる。中国語ではないかということはわかった。さらに発音させ続けると、なんと、中国語で、孟浩然の「春暁」（春眠暁を覚えず、処々に啼鳥を聞く、夜来風雨の声、花落つること知る多少）を言っていたのだ。だいぶ正確に言えるようになってきたところで、こちらから発音してあげた。その子がいきなり泣き始めた。遺産など何もない貧しい家庭だったが、父親はちゃんと財産を残してくれたのだ。すばらしい父親だったのだ。

3　極端ではなく、真ん中ぐらいが上品な生き方

質、文に勝てば則ち野、文、質に勝てば則ち史、文質彬彬として然る後君子なり。

「質《しつ》、文《ぶん》に勝てば則ち野《や》、文、質に勝てば則ち史《し》、文質彬彬《ひんぴん》として然《しか》る後《のち》君子なり」〔雍也《ようや》〕

人の持つ生まれながらの素直な本質は成長するに従って教養とか虚飾などを身につけないとその素直さは野蛮な状態になる。一方、教養や虚飾をつけすぎると生まれたままの素直さ覆い隠し心の無いただの物知りになってしまう。この質と文とがそれぞれ行きすぎないように調和がとれてこそ君子というものだ。

【解説】

「論語」に出てくる孔子はとにかく極端を嫌う。いわゆる安全安心に徹している。だが弟子たちには極端な人がかなり含まれる。子路にしても直情径行であるし、子貢にしてもやり過ぎくらいに利殖に走る。ある意味で孔子の言葉が至るところで、歯止めに働いている。要するにリスクを冒すことを嫌うのだ。

何にしても平凡がいいわけだが、いつの時代でも平凡に生きるということが最も難しいのだ。志をもって何かしようと思えば平凡には生きられない。誰かを蹴落とさない限り上には上れない。特別な動きをすれば波が立つ。平凡な考え方を若い頃持ってしまうと安心平和に生きられるものだと思いがちだが、実は何かの災難が降りかかるときは最も気の毒なのは平凡に生きている人たちなのではないか。

孔子の言いたいところは世の中は前提や方針が極端になりがちだという事なのだ。荒れている状況ではとにかく収めるには調和しかない。この調和とは極端な人との調和であり共存になる。ということは極端な人がいる社会に有効な言葉なのだ。これが出来ないと闘いによってつぶし合うことになる。いずれにしてもそれは避けなくては組織の崩壊に繋がり、自己も何らかの危機を被ることになる。危機をコントロールするためには幅のある中庸領域にいることがどうしても必要になる。だが中庸領域という部分が難しいのだ。だから人は極端に走りたがることになる。極端の方が結果はすぐ見えるし、評価もされ易い。目立つ人とは多く極端をする人なのだ。安定、平和という事態は目標としての具体性に欠ける。というより目標にはなり得ないことなのだ。

例えば江戸時代は平和で安定していたと言われる。歴史的に見ればそういう評価になる。しかしその時に暮らしていた人々、あるいはその時代の組織の運営は決して安定はしていないし平和でもないのだ。だから物語があるのだ。「論語」の中で孔子は可もなく不可もなく、中庸、平凡という事をしきりに説く。それほど極端な状況の中にいたということになる。

今の日本の状態は誰が見ても中庸、平和でそれは一〇〇年後にはそう評価される。中東と比べれば殺し合いはない。中国の都市部と比べても、あるいは富裕層と比較しても何かを求めて、ビジネスチャンスを漁りながら動かなくて済んでいる。アメリカのように銃で殺されることもない。食べるものも、着るものも、履くものも、住むところも充分にある。それでもマスメディアは危険や不安を煽る。政治的にも経済的にも外国と比べると全く問題はない。一つあるとしたら、自然災害だけである。これさえなんとかしろという論調をマスメディアは取っているがもう国民は危機感を懐かない。また確率的に極めて低い殺人や、事故に関して被害者だけの立場で報道すれば危険な国になり、物騒な世の中になるが、歴史的に国内すべてに関してみると現代が最も平和であろう。江戸時代は事故や殺人、窃盗や恐喝などの訴訟の事件は極めて少なかったと言われるが、人口と社会構造とを考えればやはり現代の動きのない時代の方が平和であろう。

現代の危機管理に「論語」をどう使うかということが課題となる。平和の中で極端をやりたがる人はますます増えている。オリンピックでもそうだが、金メダルを見たいのだ。金メダルというのは極端の最たるものである。こういう勝負事で、一〇番ぐらいが上品で丁度よいという人はいない。我々は金メダルの中に余裕を見たいのだ。孔子のように極端な世界の中で中庸を持てる人が上品なのだ。例えば剣道でいえば「残心」という言葉がある。まさに不可思議な禅問答や哲学になってしまうようだが、現実の世界で感じる「残心」のような精神的余裕がまさにここでいう「中庸」で、それが「文質彬彬《ぶんしつひんぴん》」の感覚ではなかろうか。簡単に言うと、ヒステリック、躍起、猪突猛進、盛り上がりという言葉で表されるような状態に直面したとき同調しないということになる。危機そのものに瀕しては極端しか解決法は見当たらないとしても普段は中庸領域に身を置くことが個人的には動きやすいことになる。

周囲から見ると穏やかな人物に見えるだろうし、熱の冷めたニヒルな人にも映るだろう。それはいざとなったときの対応に容易な位置にいるということになる。君子はやはりいざとなったときには動かなくてはならない。そういう時、いつも熱い人、盛り上げる人、ヒステリックな人には人は頼らないし言うことも聞かない。頼りになるのがやたら分別くさくはない君子という人であろう。

〈危機管理人の休息〉……その通りだよな

落ちこぼれと浮きこぼれ

教育界では「落ちこぼれ」という言い方が流行った。しかしこの世界は敵を内部に抱えており、足を引っ張るという習慣があるため時代とともに教育はよくならないで来た。明治、大正、昭和の初めまでのような教育を哲学で一本通すということが出来ない。常に生徒児童の親の顔色を見て右往左往することが民主教育になってしまった。その内部の人達はこの「落ちこぼれ」を「落ちこぼし」と呼び自虐的な呼び方で親のしつけの責任を問わないことが教育の誠意だとしている。

これが教育の格差を作り出す最大の原因であることに気づいていない。そのため教養ある家庭は、教育を私学、塾に頼るようになり、子どもはぐんぐん力を付け有名大学に入る。

家庭では自分の子どもがエリートになり、有名高校、有名大学を卒業することが一番の自慢であり、満足になった。

ところがもともとエリートの教育哲学はバラバラで個人のみに力点を置く教育界に育ったため、会社に入ると集団に堪えられず、自分の力に頼る社会に適応できない若者を作り出した。そのため新卒者の離職率が四割を超え、新入社員向けのリクルーターが一世を風靡することになった。同時に退職することの出来ない人は心の病を抱え、休職、復職を繰り返し、解雇することの出来ない会社ではお荷物になっている。こういう現象は社会全体でもマイナスになるに決まっているし、一億総活躍など出来るはずがない。

こうした使えないエリート達を「浮きこぼれ」と呼ぶ。ここでいうエリートとは学校教育から就活、入社まで呼ばれる人達だ。これは間違いなく極端な劣性を嫌うあまりに出てきた極端な優性に対する精神文化の欠如であろう。「中庸」という立場は大変難しくトップを目指すよりエネルギーを使うのだ。

4　人には分相応がある

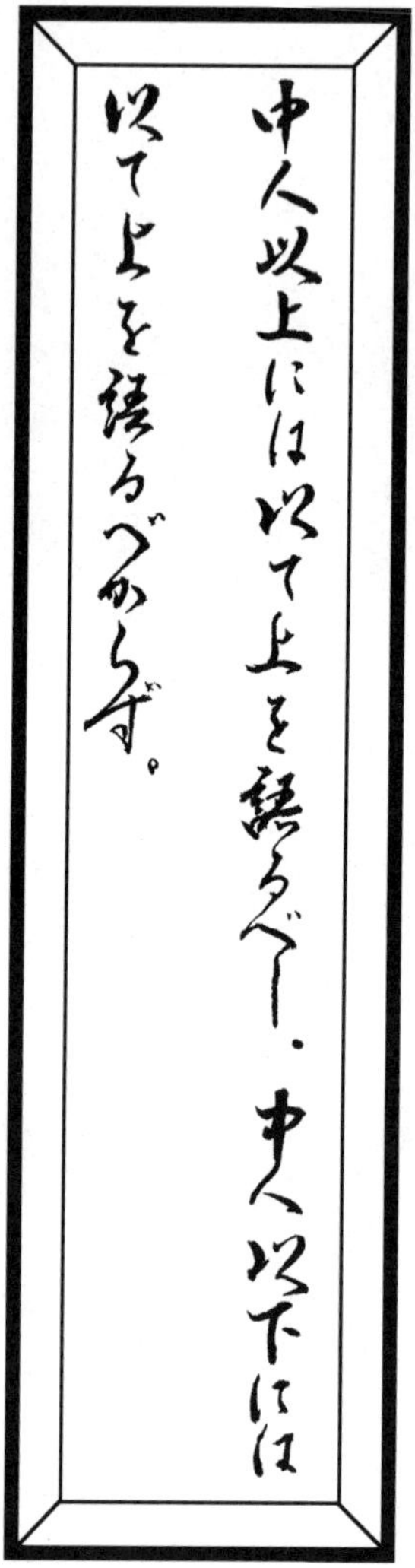

「中人以上には以て上を語るべし。中人以下には以て上を語るべからず」〔雍也《ようや》〕

教養の中くらいの人以上には深い知識や、広い理想は語ってもよいが、教養の低い人にはいくら語っても理解されないところがあるから、やめた方がよい。

「民はこれに由《よ》らしむべし、知らしむべからず」〔泰伯《たいはく》〕

一般民衆には為政者の考え方、方針など理解されないから、とにかく政策に沿って行動させた方がよい。一人一人に細かく理解、納得させることは出来ないものだ。

【解説】

分相応の「分」とは身分のことを言っているが身分制度のない現代でもそれに代わるものはたくさんある。身分制度があった頃にももちろん存在したものだが、身分制度の中に隠れて顕在化しなかっただけで、誰でも認めてはいた。例えば能力、立場、タイミング、時期なども「分」に含まれる。自分は離婚したばかりなのに結婚を成功させるための秘策などということは言えない。これは立場としての「分」だろう。今受験に落ちたばかりの時に後輩に受験相談される。これは時期としての「分」になる。被害者としての言い分、遺産の取り分などすべてが平等ではないことは誰でも知っている。

ところがその分の基準についての言い分で、不平等は発生する。しかしいわれのない言い分、取り分もあれば、宝くじに当たったという偶然の分もある。自然災害などは全くいわれのない分と言えるだろう。自然というものは不平等なものなのだ。自然の中でも人の能力も自然に含めるべきだと考える。人の能力ほど不平等なものはない。結果としては能力の高い人が幸せになるとは限らないとかいうことを問題にしてはいない。生身の人とは格差の付いているものであることを忘れてはいけない。そしてその格差には差に応じた世界が広がっている。その中で生活することの方が幸せになるはずなのだ。不孝というのはその分を越えて見栄をはって不相応の中にいることと、自信がなかったり、謙遜しすぎたりして能力の低い社会に入ると両者ともストレスがたまる。

男性の多くは過信することに喜びも湧き、自信も付いてくることがあるが、女性の多くはそうは行かない。謙遜をし、自分の能力、背後の世界を隠すことが日本女性の生き方になっている。女性自身もばかげたことだという事を知ってはいるのだが、まわりから言われることに対して過剰に嫌がる。金メダルを取ったり、賞賛されたりするととにかく謙遜をし、皆様のおかげ、多くの人の後押しがあったということを言い忘れると、変わっている、調子に乗っている、ひいては傲慢とさえ言われる。頂点に立ったのだからそれ相応の自信、矜持を表してもいいはずだ。「自分をほめてあげたい」ぐらいがやっと許されるところだ。こういう所は外国人のインタビューの方が面白い。

こうした社会環境に囲まれると、自分にふさわしいという程度に鈍感になってくる。「自分はＪリーガーになりたいと思います。まわりの人も色々評価してくれますし、自信もあります。」こういうことを小学生が言ったときは「あらそう、頑張りなさい」と言える。しかし、高校生になると誰にでもそういうことは言えないのは当たり前だ。夢が現実に近いところにあるからだ。ところが現代は勘違い野郎を簡単にはぐくむ無責任社会になっている。気がついて三〇代になっていたら何をやるにも遅くなる。その人が精一杯やったのだからいいんだというのは社会的な無責任である。

才能のことに関して述べてきたが情報に関しても同じことが言える。何でも透明、ガラス張りが正しい事になっているが、実際は決してそうではない事は大人は知っている。知っていい事と知らないでいい事は必ず存在する。その格差は情報の差というより受け取る側の意識、立場、居場所、関わり所の差の方が大きい。受け取る側の差が大きいからこそ情報とは出せば安心するものではない。不安を煽ることの方がはるかに強くなる。また知る権利というものの実体は、受け取る立場がそれほど重層的で複雑であるためにもしその権利を認めたら知りたくない権利も認めなくてはならないという性質を持つはずだ。「分」という受け取る側が確実に存在するのだから、やはり多くは語られない方がいいものも確実に存在するのだ。

才能、情報よりたちの悪いことは社会制度、特に福祉制度については問題が多い。大きな声で言うとメディアに叩かれるからだ。例えば生活保護にしても保護されるべき人については日本は充実している。しかしそうではなく不正に受給している人は弱者とされることを求めている。そういう人達を許容しないと、生活を保護すべき人に手をさしのべられないという構図になっているらしい。文化的な最低限の生活を保障されているが、人と同じ生活を保障しているわけではない。離婚をして母子家庭になったという事と倒産をして職がなくなったこととは異なるのだ。覚悟を持ってそういう環境に入ったかどうかと言うことは制度上は分からない。つまり「分」に関してはチェック出来ないのだ。自己申告以外にはない。そうすると、生活保護、児童手当、様々な公助を受けて子どもを塾に通わせ、医療費は無料、年一回は家族旅行、夕食は外食、自分はビトンのバッグを持つ。しかし当事者は生活努力をしていると申告する。これは人の持つ、誇り矜持の問題になる。

「分」が変わるということは自己の危機なのだ。自分の持つ才能と社会人としての矜持とで管理しなくてはならない。ここに簡単に平等論を持ち出すべきではない。管理努力もろくにせず平等論で丸投げが通ってしまうことは人も国家も脆弱になる。人により、立場により、タイミングにより、とにかく置かれた場に沿って君子は言葉を換えてよいのだ。これはケーススタディーの最も基本のことで、子どもに大人の扱いをすべてすべきではなく、女性すべてに男性と同じように対応すべきではないということなのだ。これは差別とは決して言えない。ここでは言葉までのことだが、次の項での君子は行為にまで及ぶ。

〈危機管理人の休息〉……その通りだよな

人は平等ではない

現代の日本には身分的な格差はない。だが明らかに「差」は存在する。それは能力、生まれ、地域、性格、運命、タイミングなど選択できるものではなく決められるものでもない。要するにしかたのないものでそれは本人の才覚で勝ち取ったり切り抜けたりするしかないのだ。友人関係や、人間関係で解消したり成長できない人のために行政的な援助もある。だがどうしても差は出来てしまう。一方でこの差があることによって組織や社会は手を加えながら正常に近い形で動いて行く。

ところが自分の努力も才覚も、行政的な援助も使えない人たちがいる。高齢者や障害者、鬱病などのように動けない人達である。治療できるものも出来ないものもある。例えば急に親が事故で亡くなった。子どもの人生は一変する。それが何歳の時かでもずいぶんと違いが出る。一変するがしかし支援もある。その支援は元の通りに生活させることではなく運命を受け入れることで新たに自分をはじめることなのだ。いきなり津波がやってきて町ごと流される。元の通りにはならない。むしろしない方がいいのだ。年齢や身体の状況によって再起もはかれない人もいるだろう。それはそれでその人の置かれた「分」である。これを認めないで全ての人が同じような生活をすることが平等ではない。誰でも分かることであるが当事者になると分からないようになる。自然は社会よりも厳しいのだ。

能力にも明らかに差があるということは費用対効果に差があるということだ。つまり仕事が出来ないのに同じ賃金を出せ、仕事が遅いのに残業代を出せという理不尽を言う一部の人をいろいろ理由を付けて支援するのが人に優しい政策ということになっている。クリーニング屋さんで時給五〇円で働いていた障害者がいた。経済的虐待としてニュースになった。その後ニュースは拡散しない。それなりの納得できる理由があったのだ。

5　言う前に動け、動いたら言うな

「君子は言に訥《とつ》にして行いに敏ならんと欲す」〔里仁《りじん》〕

君子は多くは語らず、まず行動をしたいものだ。

【解説】

自分の行為が成果を得たとき言葉が多いと自慢に聞こえる。失敗したときはいいわけに聞こえるものだから、そういう面倒くさいことになるのなら、黙ってろと言うことだ。主張とかアピールがもてはやされる時代であるが、メディアの発達に促されて過剰なまでに言葉を発し盛り上がりを歓迎するようになっているが、人々の心は必ずしも盛り上がりを心地よいとは思わない。メディアの行為が人々の気持ちを代弁しているわけでは決してない。むしろ騒ぎすぎるために本物の実力が見落とされる時代になっている。まず行動が基礎になるべきである。危機とは思い込みや決めつけによって生じることがほとんどなのだ。

こういう態度に説得力がないのは動きがないからだ。世の中が便利になりすぎてこの部分がないがしろにされ、それが体制になると動くことに価値もなくなってくる。自然災害や、殺人、オリンピックの緊迫した勝負、政治の国をかけた駆け引きをこたつの中で、せんべいやミカンを食べながら見ているのが一般的になった。臨場感もなければ身近なことでもなくなった。「娯楽」でもあり、「卑怯」でもある。そこで何かお役に立ちたいという純粋な気持ちがボランティアという行為で形となる。日本では事故や殺人などというどこの国にもある重大なことは国家が関与してきれいに対応してくれる。日本ではこのほかに自然災害が頻発する。これにはボランティアと自衛隊が活躍する。みんな動いている。そして動いた後は物を言わない。動かずに物を言うのがマスメディアだ。ここにはインターネットも含まれる。だから批判も氾濫する。こうした現場を知ることは我々一般市民はマスメディアを通してしかあり得ないのだ。

ただネットとマスコミとは大きく異なる。ネットは初めから主体がないのだ。出しっ放しで、もちろん言うことの責任は取らない。そういう物だということはすべて承知で我々は対応している。ネットは初めから、卑怯なものであり、それ自体、卑怯ということはもう全く問えなくなった今、発信する対象に何の紳士的、倫理的義務はない。しかしマスコミは顔がでる。主体が組織として大きく存在する。そこには責任性も発生する。しかし国家としての罰則はないのだ。朝日新聞が慰安婦問題であれほどのいわゆるフェイクニュースを自分たちの国家に向けて発信しても、確かに誤りは認めたがそれでも罰則はない。

ここでこの項で挙げた「論語」の言う君子の言葉は卑怯ではなく「影響」という事なのだ。

君子としてふだんの影響力をいかに発揮するかということで、突発的に発生した危機に対応するのだ。それは言葉ではなく行為だということに尽きる。

現代では動くことを習慣にせず、まず考えることが習慣になっている。それは理性的で正しいのだが動かないことではない。まめ、とか気が利くとか、フットワークがよいということが腰が軽いというように理解されがちだ。若いときはそれでよく、年を取ったらじっくりということが今の文化性だが、それで行くと間違いなく動かない人になる。変に決めつけられるのが心地よくないのなら、見えないところで動くべきだろう。もちろんそれが「論語」にある君子ということになる。

ここにいい例がある。ピョンチャンオリンピックでスキー複合男子渡部暁斗という選手はジャンプでいい成績を収めながら距離で及ばなかった。距離ではもっと力のでる選手だった。ジャンプの後のインタビューでもあまりにも冷静だった。つまり自分でも緊張していなかったのだ。平常心ではなくあきらめだと知ったのはメダルが取れなかった後の報道だった。実は肋骨を骨折していたという。スキーの距離競技での登りの追い上げは絶対不可能なのだ。オリンピックという舞台に上げられてしまってからは何を言っても仕方なく行動するしかない。そして勝てなくても言うことはないのだ。メディアに晒される危機に対しての管理はこれしかない。

〈危機管理人の休息〉……ちょっといい話

李君の村

一九八七年中国山西大学の日本語科に李君という日本語の上手な学生がいた。彼は農村出身で、その村はほとんどの人が文盲だという。優等生の李君は村長からある使命を受けて日本語科に入ってきた。それは村長さんが子供の頃の話だった。

戦争中日本軍が村にやってきた。かなり大きな集団で村の外に野営して、村の中には入らなかったという。その時村では一人の婦人が病気で苦しんでいた。当時の村長は日本の軍隊に頼んで治してもらおうと思った。軍医さんが二人やってきて、いろいろ言われたが、中国語が通じず、何をしたいのかさっぱりわからなかった。手術をしたいらしかった。そこで、指定されたものの絵や漢字を書いてもらって何とかそろえたという。

そしてだれも入ってくるなと言って家に入ってから、悲鳴が聞こえ、出てきた時は二人の軍医が血で真っ赤だったという。だれもが殺してしまったと思ったらしい。それでも「ハオ、ハオ」と言ってにこにこしているだけだったという。二週間たったらまた帰ってくるがそれまでにこうしておけと言う指示を出して去っていったという。その後その婦人は三日目に起き上がり、五日目には畑に出たという。一週間たって日本軍が帰ってきてまた「ハオ、ハオ」と言うだけで去っていったという。おそらく盲腸ではなかったかと言うことだ。

それから戦争が終わりその軍医さんたちの消息もわからず、村長も代わり、その夫人もなくなってしまったという。しかし何とかして日本人にお礼を言いたかったが、あれ以来何十年も外国人はだれ一人やってこない。そこで李君が大学生になって日本人を連れてきて欲しいと村長に言われたのだ。わたしがその日本人になり村中でお礼を言われた。村長もこれで私の役目が終わったと言う。あのような悲惨な戦争の中にも神のような人はいたのだ。これも日本軍が中国に残した遺産なのである。

6　自分の形を持つ

祝鮀の佞ありて宋朝の美あらずんば難い
かな今の世に免るること。

「祝鮀《しゅくだ》の佞《ねい》ありて宋朝《そうちょう》の美あらずんば難いかな今の世に免るること」〔**雍也《ようや》**〕

祝鮀の話術や宋朝の美貌がないとこの世の中でうまく生き抜くことは難しいな。

【解説】

祝鮀という人は話術に長けていた。ただ口がうまいと言うことではなく、このことは公式の場合の発言はどんな内容でも話し方の形式に則るというルールがあった。それが礼思想である。そのルールをないがしろにすると発言をしたことにはならない。また、人を自分の言葉で説得するときは故事やことわざ、比喩（たとえ話）を使わなくてはならなかった。現代のような因果関係で説明しても納得しない。「矛盾」や「漁夫の利」というお話も王様を説得するためのたとえ話であり、物語である。やはりかなりの教養、持ちネタが必要だったのだ。この祝鮀という人はそれが上手だった。

宋朝《そうちょう》という人は宋という小国の公子で男子としての美貌が優れていたようだ。この時代は男色の習慣もあり、また男として見栄えも良いことが重要な条件であった。今中国に残る、石像、塑像、絵画などに表現される男子は同じような立派な顔立ち、高い身長をしているのはこの部分が大切だったからだ。

この時代、このように何か人にぬきんでているもの、形式的に優れているものが必要であった。こういう特徴を持っていないとこれだけの乱世で生き残っていくことは容易ではないと孔子自身が言っている。【二】組織・個人の危機管理　第11項の「企業倫理、個人の信条は志操堅固に」と同じだが、ここでは意識や、哲学ではなく主に動きのことを指す。つまり何か独特な物、自分しかないもので社会的に行動するときの形のことを意味している。どういうことかというと、例えば結婚式にジーパンで出席する芸術家とか、祝賀会に「平服で」とあったので本当に街を歩くようなブランドものを着て参加した大学教授とか、いわゆる一家言をもっていたり、世間知らずであったりするのはその人の社会的地位で許される。しかし人は見た目、表面的なもので九割が決まるという本もあったように、それが世間というもので場違いな格好をすれば普通は「なんでしょ、あれは」と言われる。正しいか、美しいかは別として場や雰囲気に合っている、習慣として決まっているということは一つの「礼儀」なのだ。だから同じ服装、態度を取れということではなく、一家言を持っていても世間知らずでもそれが形、強烈な個性となれば居場所があるということだ。

もう一つ有名な逸話がある。孔子の弟子の棘子成《きょうくしせい》という人が「君子というのはとにかく中味ですよね。外見なんかどうでもいいものですよ」と、まさにある種の一家言を言うのである。そこで一番弟子の子貢がそれを強く否定した。「君はなんてものの分からないことを言うのだよ。そんなことを言うのなら、君はトラや豹の毛皮は犬や羊の毛皮と同じだというのか。同じ毛皮だが質や見た目、使う場所だって全く違うぜ」と言って言い負かした。表面的な特徴と言うことはそれが大きく影響するときはそれなりに意味がある。確かに中味は重要であるが、使い方や、タイミング、役割で意味のないものにもなり得る。

棘子成《きょうくしせい》の言う理屈は運動神経がよければ、頭がよければ後は何でもいいという考え方だったのだ。ノーベル賞をもらったり、金メダルを取ったりした人の個人的な価値とはその業績とはあまり関係しない。例えば町内で何か同じ仕事をしたり、道を聞かれたとき教えてあげるとかはノーベル賞や金メダル以外の所にある。態度とか、言葉遣いとかが第一に問われる。しかしこの表面的なことが強く主張されればまたおかしいことになる。鎧だけで中味を隠して信用出来ないということになるからだ。

ちょうどよいバランスを取れということにまとめてしまうとまた分別くさいことになる。そうではなく「自分の形を持つ」ということはバランスの取れないことになったときはまず表面的に問題ないところで積極的に付き合うという事だ。つまり見た目とか、特徴的なところはすぐに効果が上がるため、その部分だけは優先させた方がよいということだ。「まず形からはいれ」とは何ら実質のない空虚なものだという批判がでがちだが、その人の前提、方向性、背後の文化まで手っ取り早く表している。それがその人の特徴として読み込まれ、しばらくは使えるのだ。

読み込まれることが不愉快な人も確かにいる。しかし社会的にいつまでもニュートラルな立場で可もなく不可もなく、存在を消しながら風のように生きるという事は少なくとも社会的に現役でいる時は社会への貢献という面で見ると、逃げに回っていると言える。こういう消極的な、個人主義的な人が若年層に増えているというのも危機を回避することにまわり、危機管理ではないのだ。

★祝鮀《しゅくだ》　衛の人、身分は大夫　祝は職種の名で神主的な地位にいた　名は鮀《だ》　字は子魚《しぎょ》

暗愚であった衛の霊公を助け持ち前の雄弁で国難を救ったと言われている。

★宋朝《そうちょう》　宋の公子（天子の庶子）　名は朝

美男子で有名　衛の霊公の夫人南子がまだ宋にいて衛に嫁ぐ前から関係を持ち、南子が衛に嫁いでからは霊公に甘えて宋朝を衛の大夫に迎えさせた。

〈危機管理人の休息〉……ちょっといい話

ある別れ

学生時代、横浜の大桟橋で、横浜ナホトカ航路の乗客のお世話をするアルバイトをしていたことがある。ここは様々な外国客船が出港入港する所である。

その日は、英国海軍の偉い軍人とその娘、そしてその軍人のお付きらしき若い将校さんがロシア経由で帰国する娘を見送りに来た。型通り手続きが終わり、客たちは甲板の手すりにズラリと並びテープを投げたり投げられたりしていた。螢の光が流れ始め、いよいよ出港になった。その若い娘さんは、白い帽子をかぶり、白い手袋をして他の客とはかなり離れて船尾の方で一人手すりにもたれていた。その時、年配の軍人が待合い室から出て来た。何とスコットランドのキルトとベレー帽姿である。そしてもちろん手にはバグパイプを持っている。「ブーン、ビーン」という空気をバッグに入れる音から始まりすぐに

「ピーピー、ピララピララ、ピーピー、ピララピララ」

甲板の娘に向って吹き出した。船上の娘は、左手を手すりに置き、右手に白いハンケチを持って、静かに振っている。船はゆっくりと岸壁を離れていった。その光景は気品に満ちていた。螢の光の曲も止まり、誰もがバグパイプの音と離れゆく二人を見つめていた。

どちらの側にも属さない私は、別の所からこの光景を見ていたが、実はもう一人の

人が忘れられないのだ。私のそばで、誰も見えない位置で、例の若い将校さんが直立不動の姿でバグパイプの軍人さんに向って敬礼しつづけているのだ。いずれもすばらしい人たちであったが、私はその時、螢の光の曲を途中で止めた人にも「粋」を感じた。螢の光もバーンズという人が作曲したスコットランド民謡だったのだ。帰りがけ若い将校に話しかけた。

「私たちは英国海軍の軍人である。しかし私たちはスコティッシュ（スコットランド人）だ」という返事が返って来た。出会いや別れにも誇りを失わない人たちであった。

7　やせ我慢せよ

富と貴とは是れ人の欲する所なり。其の道を以てせざれば之を得るとも処らざるなり。

「富と貴とは是《これ》人の欲する所なり。其の道を以てせざれば之を得るとも処《お》らざるなり。貧と賤とは是人の悪《にく》む所なり。道を以てせざれば之を得るとも去らざるなり」〔里仁《りじん》〕

お金持ちと高い身分は誰でも人はあこがれるものである。しかし正しい方法で富貴を得たのでなければ自分はその地位に甘んじて長くとどまってはいけない。逆に貧しさと位の低さは人は誰でも嫌がるものである。しかし身を慎み誠を尽くしながら生きていたとしても貧困や失脚には逢うものである。それも天命であるから無理矢理そこから逃げようとしてはならない。

【解説】

これは運命論で、やたらな策を弄して富を得ようとしたり、貧しさを去ろうとしたりするな、という我慢する態度を求めている。つまりは貧乏であることが基本にある。条件の整わない中でいかに善を行うかが「論語」の基本であると考えられる。それは孔子自身が貧困の中でものを論じ、教えを広めているからだ。世の中にはお金持ちになる人は必ずいるものだが、それは悪いことではない。貧乏にあえぐ人もいるがそれもいいではないか。身分にしてもおなじである。こういう教えは為政者には好都合であるはずである。

「武士は食わねど高楊枝」という言葉があった。今ではあまり価値のないような扱いをされているが、人は「要求」することと同じくらいに「甘んじる」ことも経験しなくてはならない。要求しても叶えられないこと、甘んじても抜け出られないことはあるが人には慣れるという習慣がある。「慣れ」という平常心は「向上」するための大きなステップになることを知って欲しい。いつも欲求不満でストレスを抱えての向上は生産性が乏しい。

人は常に何かを求めてはいるが、あるいは渇望している人もいようが、すぐに変えようという世の中の風潮は拙速になることが多い。何でもすぐに変えようとする家庭は何でもすぐに与えられてしまう子どもと同じだ。危機とはこういうところに生じるものである。何かを得られるとしたら我慢することという古来普遍のしかも単純な命題をいま一度かみしめるときなのだ。時代が数百年動かなかったときは中国にも日本にもあった。それは退廃なのか平和なのかを考えるとき、動き回っての変革はひずみも生まれる。それをしなければならない時代も確かにあった。明治維新はその典型であるが、それは江戸二五〇年という動かない時代が前提になっていることを条件に入れるべきだ。さらにその動かなかったと言われる江戸時代も本当に動かなかったのかというと実際はそうではなかった。

自然科学においても関孝和のような数学者はニュートンにも匹敵する。平賀源内は奇人扱いもされた。そういう人達がやせ我慢しなかったかというと、決してそうではない。やせ我慢したからこそ業績が上がったと解釈すべきであろう。少なくとも彼らには今で言う危機感は感じられない。

そもそもやせ我慢と我慢とはどう違うのかということになる。本書の【組織　個人の危機管理】の第9項「辛抱しなければ見えないものがある」とはちょっと違う。辛抱とは置かれた状況に満足はしていない。やせ我慢とは置かれた状況に満足しているか、せざるを得ないのだ。つまり、辛抱とはいずれ改善されることを期待しての忍耐。やせ我慢とは改善されては困る気持ちがあるのだ。

ここで重要なことは「美」ということだ。辛抱している本人には「美」はない。やがては「美」と評価されることもある。しかしやせ我慢とはそのものが「美」なのだ。「生き方」とか「信条」とか哲学という言葉で粋がっている部分もある。ある意味ではくだらない物なのかも知れない。

同僚が出世した。同じような結果を残しており、自分の方が気に入られてもいるし使える人間だと思っている。しかし先を越された。こういう時、素直に祝意を述べることは悔しさを押さえ込む一つの美学であり、自分が一段高みにいると思える瞬間でもある。

出たくもない会合に立場上出席する。出席したらしたで、呼ばれてもいないのに何だという顔をされる。こういうことはよくある。しかし総合的に考えたときこの場にいることは重要な意味があると判断されるとき、無言を貫きながらも堂々とそこで存在感を示す。あたかも心地よいかのような振る舞いをすればさらに効果が高い。

こうした態度は日本的な「けなげ」とか「自分を抑えている」という様子が醸し出される。いわゆる「あの人は苦労をしている」という評価を得られるのだ。「すぐ要求する人」と「表面的に意地を張る人」との比較でも分かる。将来的に有効なのは軽く意地を張る方が個人的には好感を持たれる。やたら要求する人はみんなを助けることもあるが、我を張る、自分の利益のためという態度も見え隠れし、微妙な距離感を残す。一方、意地っぱりの人は個人的な個性、性格として親しみ、仲間意識までも生じる。簡単にいえばみんなで楽しみな旅行に行くとき誘われるかという低いところで明らかになる。やせ我慢とはあくまで個人的にいい状況を作り出す一つの方法でもある。次の項の「あきらめ」につながり長期的にはエネルギー消費量が低い。

〈危機管理人の休息〉……ちょっといい話

「大切な用事」前篇

政府機関のボランティアで、東ヨーロッパに行く研修ツアーのリーダーをやっていたことがある。もう三〇年も前のことだ。その時引率をしたのは全国から選抜されたノンキャリアの公務員、団体職員、大学生などで、ルーマニアの国内だけ二週間ホームステイをしながら、青年達と交流をするのだ。トランシルバニアを越え、黒海に至り、ロシアの国境までバスや列車で回るのだ。帰国する時、日本への直行便がないため、首都のブカレストからイギリスのヒースロー空港に行き、そこで日本航空に乗り換えることになっていた。ところが手違いで、イギリス国内線のガトヴィック空港についてしまった。ＪＡＬへの乗り換えに一時間しかないのに、全く別の空港についてしまったのだ。

スチュワーデス、パーサー等と対策をねったが、「インポッシブル」と言うだけだった。どうにも埒があかないので、こういう空港からはヘリコプターのシャトル便というのがあるはずだと迫ると、渋々手配してくれた。しかしそこまで荷物を持って走らねばならない。一〇〇〇メートル近くあった。やっとの事で駐機場に大きな荷物を持って着いたが、二〇人乗りのヘリコプターはすでに満員で、次の便まで待たねばならない、ここで完全に道は閉ざされた。しかしあの東ヨーロッパの国で何とかしてきたという自信と余裕があった。とにかくのってしまおうと考えた。ヘリはすでにドアが閉まり、プロペラがぐるぐるまわっている。整備員が止める中、私は意を決してヘリに走り寄り、外からドアをたたいた。パイロットが中から何かさけんでいる。当たり前だが両方とも聞こえない。「何の用だ。危ないからあっちへ行け」というようなことを言っているのだろう。だがしつこく食い下がっていると副操縦士が緊急だと思ったのか、ドアを開けてくれた。しめたと思い無理やり乗り込んで、勇気をふるい、へたな英語で演説した。

「大切な用事」後篇

「私たちは、日本からやって来た一六人の友好使節団である。ヒースローから日本へ帰るところだが、手違いで、こちらについてしまった。しかし今この便に乗らないと、ヒースローで待っている日本へ行く飛行機に間に合わない。全員が乗れないともう帰れないのだ。とても困っている。一席でもいいからゆずって欲しい。英国という国は、日本と似ている。日本にはエンペラーがいる。英国にはエンプレスがいる。日本には侍がいる。英国にはナイトがいると聞く。日本はとても遠い国だが英国と同じ高い文化を持っている。もしも可能ならば、助けて欲しい、しかし不可能ならば仕方がないのであきらめる。」

どのくらい沈黙が流れていただろうか。一時間にも思えた。やがて一番奥に座っている老人が、ムックリ立ち上がり、コツコツコツと杖をつきながらこちらにやって来た。そしてこう言った。

「アイリメンバーラジョブ」（私は用事を思い出した）

すると次々にいろいろな人が用事を思い出して全員降りてしまった。パイロットは黙って前を見ている。

「こんなに席はいらないんだ、十六席でいいんだ」

と言うとパイロットは、

「おまえは目が見えないのか、一席も空いていないではないか。このヘリには英国の『誇り』が乗っているんだ」

そして「ゴットセブザクイーン」を口ずさみながら浮き上がった。下を見ると、降りて行った人たちで、こちらを見上げている人は一人もいない。ところが、歩きながら、後ろ向きに手を振っている人、荷物をあげる人がいた。これが英国人か、これがナイトかと思った。日本だって負けないぞと感謝とともに燃える物があった。

8　嘆くよりリセットせよ

甚だしいかな、吾が衰えたるや。久しいかな、吾れ夢に周公を見ず。

「甚《はなは》だしいかな、吾が衰《おとろ》えたるや。久しいかな、吾れ夢に周公《しゅうこう》を見ず」〔述而《じゅつじ》〕

最近私もいろいろと衰えてきたなあ。夢に周公様が現れなくなってずいぶんたつよ。

【解説】

嘆きはあきらめに近いが、まだ自分に対する怒りも多少感じる。当時としては孔子自身にいろいろと問題があった。君主にうまく使われていた人も他国には存在した。晏嬰《あんえい》という人は斉という国で三代もお仕えしている。また衛という国には蘧伯玉《きょはくぎょく》という人がいて、孔子の尊敬する人であるが、残念ながら、書も弟子も残っていないので、今に伝わらない。時代の寵児《ちょうじ》といわれる人は誰でも怒りに満ちているものだが「論語」の内容が教訓として後世に伝わっているのは嘆きよりあきらめを多く読み取れるからだ。つまりそれは攻撃的ではないのだ。もちろんあんな奴殺してしまえなどと言うが、そんな奴放っておけ天がなんとかするさという投げやりの方が垣間見られるのだ。孔子の等身大の生き様を読み取れば、それで初めて言葉に魂が込められてくる。そうでなければいつの時代にもある「ことわざ集」になってしまう。「論語」全文約五〇〇篇の中でこの嘆きやあきらめは非常に多く読み取れる。自分はなかなか就職できなかったとしても優秀な弟子が多かったということで多少は発散できていたのだろう。

江戸時代の敵討《かたきう》ちの話で次のようなものがあった。妹を殺された武士が犯人を追っていた。ところがやっと探し当てた犯人は病死していたのだ。その武士が江戸でやはり妹を殺され女郎をしながら犯人の入れ墨を探す女性に会った。美人局《つつもたせ》として手を貸しながらやっと見つけて彼女が本懐を遂げようとした時、彼は彼女を止めたのだ。なぜかというと、本懐を遂げた後はすっきりすることはないのだという。自分は敵《かたき》を病で失ったが本懐を遂げられないというストレスが、もちろんこういう言葉は使っていないが、生きる活力になる。恨みを晴らした後の自分と晴らせずストレスを持つ自分とではその後の生き方の深さが違うという。目的を遂げてすっきりする状態は必ずしも充実ばかりではなく空虚でもあるという。

この話は個人内部での危機管理の方法だ。最も効果的方法は「あきらめ」という事で、それが出来ると「リセット」という流れになる。中国ではこの流れが速いから立ち直りも迅速なのだ。いつまでもすっきりさせないことが日本社会の得意技だ。個人はすっきりしたいのだが集団の中にいるとすっきりの温度差がある。その最も遅い人、最も納得のいかない人を基準にしてけじめを付けようとすると、時間は長くなる。しかし「忘れる」という事ほど事態を前進させるものはない。自己の危機管理とは忘れることに他ならない。

日本人の文化意識として同じ状況でいたい、変化のないことを心地よいとしている。老人や女性の多くはこうした安定の中の平和を望んでいる。実際の国民の割合からすると決してそうではないと思うのだが、メディアの立ち位置としてそうならざるを得ないのだ。マンションができると必ず反対する。ゴミ焼却場の場所もなかなか決まらない。道路、幼稚園でさえも文句を言う。マスメディアが後押しをする。経済発展とか都市機能の合理性、医学の進歩、ＡＩの発達などという一方でそれに反対する勢力を煽っており、それが健全で危険性を少なくするチェック機能であるという論調は正しいのだが、なかなか進まない。そして出来上がってもいつまでも要求を引きずる。民主主義というのはこういう物なのだが、他の成熟した民主主義の国は限界領域が国民意識にあり、それを越えるとマスコミから一斉にリセットする。つまり引きずる論調を報道しないのだ。

東日本大震災は復興が遅れているというのがマスメディアの論調である。それは被害者や、被害団体、老人の保守意識、原発問題を切り取ると確かにそうなる。しかし個人意識とは全く異なる。特に若者はもっと前を見ている。リセットが早いのだ。完全に立ち直っている部分の方が多いのだ。現地に行ってみて一般国民としての視点で見ると別の町としてきれいに復興しているところがかなり目立つ。

一方、現代中国は一九八八年の天安門事件以前の中国を知っている人にとって全く別世界だ。それは都市部のことではなく農村が変わったのだ。比喩的に言うと改革路線以前の農村は漢の時代から動いていなかった。特に北部農村は衣食住についてはタイムスリップと同じであった。未開放地区が多くあまり知られてはいなかったが、言葉も習慣も二〇〇〇年前の農民が住んでも遜色なく暮らせただろう。つまり我々が行くと暮らせなかったのだ。

道路、畑、家、習慣までも破壊し近代化に向かった。高速道路などは日本に比べればあっという間に出来上がる。その速さをたとえると次のような話がある。ある村でおじいさんが病気になり一ヶ月家から出ないで静かにしていた。何の病気か知らないが、漢方医療だからこういう治療はよくある。一と月たって自分の畑に行こうと思って鋤を担いで一キロぐらい歩くとなんと高速道路ができていて向こう側に行けないのだ。仕方ないので高速道路を歩いて越えて自分の畑に行くようになった。

政治の形態が日本と異なり、恐怖政治をしているとよくいわれるが村人にとってはそうでもないのだ。重機もないのに何で一と月で高速道路ができたかというと、人の力なのだ。もっこを担いで黄土高原の山を崩す。気の遠くなるような時間がかかると思うのが日本人で、数十キロに渡って数万人の農民が横に並び一斉に自分の決められた場所に土を盛り上げればすぐできるのだ。ここには立ち退きや安全対策、住むところや日当の問題はほとんどないのだ。もちろん出来上がった物は粗製乱造ではあるがおじいさんが「あれれ」と思うような物は出現する。ここには嘆きやあきらめも確かにあるのだ。しかしリセットも早い。だから二〇〇〇年以降の中国の農村は別世界になった。そしてその間に生まれた子どもはもう立派な若者で昔の事は知らない。だから昔はよかったとはいわない。

政治の形態は何であれ人々の心はどこの国も同じだが、全く異なるのは引きずりがないのだ。日本はメディアが若い子まで引きずらせる。まるで悪い国の延長であるかのように。中国の農民は冬の温水も、エアコンもスイッチ一つでできることは今でもない。個人的には風呂も入らない、手もろくに洗わない。しかしスマホはある。パソコンもある。その中でハイヒールで鋤を担ぐ女の子もいるのだ。文句や嘆きはあるにはあるが恋愛もし、楽しみの娯楽も充分にある。危機管理とはこの違いにある「リセット感」なのだ。

〈危機管理人の休息〉……その通りだよな

なぜなぜ症候群

世の中が近代化、西洋化するにつれて日本中が理屈っぽくなってきた。何でも原因や理由を追及したがる。確かに不都合の原因や理由を改善すれば事態は好転するだろう。そうして欧米は発展してきた。しかし日本や中国といったアジア諸国では改善をしようとするがしばらくそのままにしておき、慣れるという習慣があった。しかたがないという考えだ。

なぜ勉強が出来ないのか。なぜ事故が起きるのか。なぜ野菜が高いのか。なぜ税金が高いのか。なぜ給料が安いのか。なぜ台風が来るのか。なぜ暑いのか。今やこういう発想ばかりで日本は動いている。能力の違い、不注意、天候不順、全体のバランスなど偶然や自然、組織のシステムや運営ということにも同じような解決法を求める。解決できないものは行政のせいにする。こうして意味のないものまで意味化しようとする。

日本のように国土が小さく国民の意思の疎通も容易なため要求もすぐに取り上げる。しかし人口が多く、国土の広い国では多くの国民の意見は無視される。そのためしかたがないという生活感情で我慢する。要求をし、訴え、弱者になればそれが取り上げられしかも通ってしまうのが日本で、素晴らしい国である。素晴らしいが結局は自分の要求ばかりするようになり、満足、納得という感情を忘れてしまっているようだ。

学校の不登校、会社の引きこもりが異常に増えていることと、事態の解消や改善を求める強い意識を持つことと無縁ではないようだ。とにかく集団で生きていると比較をしてしまい、その原因を自分には持ってこないで外に求めるというのは個人主義の発達した西洋的なロジックである。事態の好転ばかりを目指すとストレスはついて回る。しかたがないというあきらめの感情は負けではなく、日本古来の「もののあわれ」や「おかし」という感性にあるような、現状を味わうという極めて高い文化性なのだ。

9　外面《そとづら》のいい人とは理想について語れない

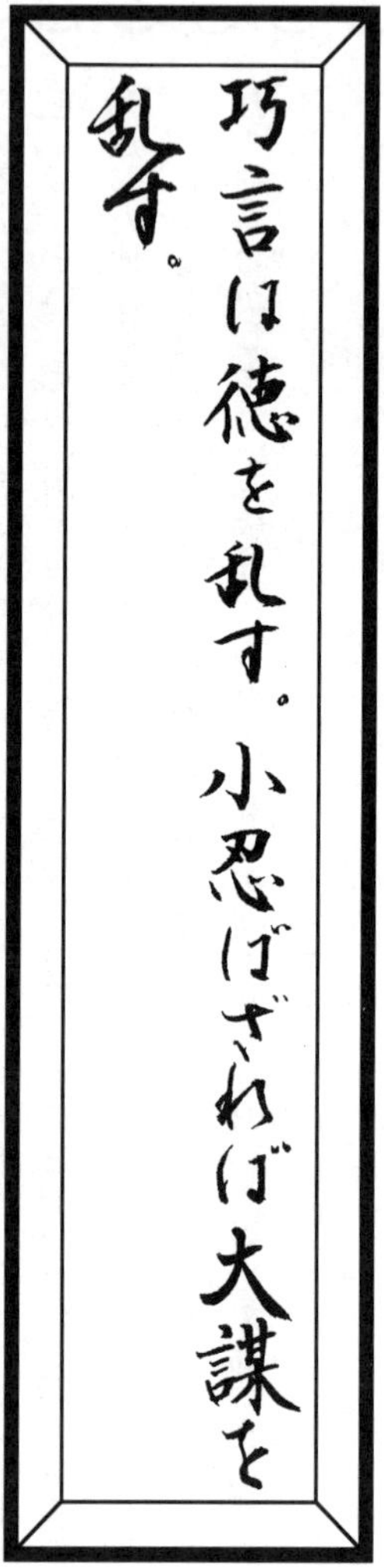

「巧言《こうげん》は徳を乱《みだ》す。小忍《しの》ばざれば大謀《たいぼう》を乱す」〔衛霊公《えいのれいこう》〕

口先でうまいことを言って取り繕う事をしていると、心からの思いが乱れてくる。小さな事を我慢できないと、後々の大きなはかりごとは成就しない。

【解説】

「孟子《もうし》」に「似て非なるものを悪《にく》む」（そっくりで本物と間違えるようなものは心を惑わすだけにいやなものだ）とある。また日本の荻生徂徠《おぎゅうそらい》も「巧言は徳言《とくげん》に似たり。故に乱す」（口先だけのうまい言い方は人徳から出た言い方と似ているため人は信じてしまう。こういうことから騙されてくるのだ）とあるように、似ているが故に本物と同じ効果が出る。しかしメッキはすぐにはがれる。そうなると被害に遭ったり、人を信用できなくなったり、人間関係も悪くなったりとどんどん事態は悪くなる。

『論語』の「陽貨篇《ようかへん》」にも同じような文がある。「紫の朱を奪うを悪《にく》む。鄭声《ていせい》の雅楽《ががく》を乱《みだ》すを悪む。利口《りこう》の邦家《ほうか》を覆《くつがえ》すものを悪む」（人は朱色の正色より紫の中間色を好み、雅楽のような正式な音楽より鄭の国の俗悪な音楽を好み、口達者な奴は民衆に耳に心地よいことばかりを言って民衆を惑わす。ついには国を滅ぼすようになる。こういうことだから似ているだけのもので本物でないものはいけないのだと言う。）何がいけないかというと将来の全体像や、政治の理想が借り物の考えでは語れないからだという。

これは営業の人とは本音で語れないといっているわけではない。仲間内であるにもかかわらず外面のいい人という意味だ。それはどういう人かというと、本音で話を進めている時に変に正論や正義を言い出して話の枠を広げない人。他の批判をしている時にその流れに乗ってくれない人。分別くさい人が悪いというのではなく、分別くささを出すタイミングを間違えて逃げになる人のことだ。保身を考えたり、出世を考えている人。あるいは自分の理想の枠でしか話を広げられない人は自分の本音を隠しがちになる。そういう種類の人とは話の内容が究極の部分に近づくにつれてズレが生じてしまうものなのだ。人の真性は究極の時、危機に迫るときに出てくるものだ。

草津白根という山の一部が水蒸気爆発をした。草津の温泉旅館では一〇〇件以上のキャンセルがあったそうだ。そういう時だからこそ行ってやろうと思い知り合いの旅館に行った。女将と話してみると爆発の影響は全くなく従業員はＴＶの報道で知ったという位なのに風評はひどいという事を話してくれた。危機は東日本大震災の時の方がひどく、この時は実際に停電もあり草津の町は真っ暗になったという。そういう時、旅館組合で集まり何度も議論を重ねたという話の中で、最も熱い情熱を持っていたのはふだんは口数の少なくあまりぱっとしない人だったという。そして旅館でも従業員全員で話したとき、幹部とか、若者のばりばり仕事をする人は、勇気と感動とかいう抽象的なことばかりいう中で、そんなこと全く言ったことのない外回りの掃除をする最も古くからいる老人が静かに熱く語ったという。

冬季オリンピックで金メダルを取った人は理想についてもはや語れない。頂上に着いた人は美辞麗句や美しい言葉を駆使して話さないと傲慢といわれる。しかし銅や銀となると悔しさ、恨み辛み、いいわけ、あきらめなど言葉やそれにともなう感情は豊富で聞いていてこちらの方が数段面白い。長野オリンピックで金メダルを取ったスケートの清水は金はうれしい、銀は悔しい、銅はほっとするという実に的確なことを話していた。聞いていてやはりほっとするのはカーリング女子の銅の言葉だ。外面のいいという事を美辞麗句という言葉に置き換えると、賞賛の言葉や感謝の言葉だけにはもはや理想はないのだ。理想とはまだ到達出来ない伸びしろを感じさせる広さだ。これには期待とともに安心も含まれる。

正論の言い回し、感謝の言葉、美辞麗句は奇妙な閉塞感がある。一方で、熱く語る言葉には期待感と安心感がない交ぜになった広がりがある。別のことばで言うと、正義の味方のスーパーマン、正論を吐くおばさん、感謝ばかりを口にする宗教家とは理想論は議論出来ない。これは不平、不満や、人の悪口ばかり言う人と同じで危機感を持っているように見えるが全体を見ていないという点で閉塞感がある。熱っぽく語る人はこういう人とは人種が違うとすぐに分かるだろう。

〈危機管理人の休息〉……その通りだよな

感動の涙

感動の涙は同情を誘うための演出としては最高だ。スポーツ中継で優勝のうれしさ。小学生が連れ去られ殺された犯罪の悲しさ。火事や災害に見舞われた人の気の毒さ。災害に遭った人の悲惨さ。ニュースはそうした人達の涙を映す。怒りと同情を共有する。そして制作者はそこまでは思っていないはずだが、この画面から犯罪を憎もう、喜びをともに味わおう、危機管理を徹底しよう、という建前を持つ。

これらは確かに人の本音が外に現れているため共感する。偽って涙を流す人は日本には少ないからだ。だがこれでその人の本心を計ることは出来ない。画面とはそれが本心だということを部分的に抜き取る効果がある。だからじかに会った人の涙の方が総合的なインパクトは強い。信頼できるか否かはじかに会わないと計れないということになる。

あるとき女性のお笑い芸人と言葉と文化について雑談したことがある。外国で育った日本人の子どもは現地語で育てた場合と、日本語で育てた場合とでは大きな違いがある。日本にいたことがほとんどない子でも日本語で育てると、冬にこたつとミカンを連想する。夏は蝉取りや花火を思い出す。秋は柿の木、春は菜の花畑を感じるという。一方で、現地語で育つと日本の原風景に関して全く興味を示さないということがある。これは言語の中に文化が含まれているために起こる現象ではないかということを金田一先生なんかもいっている。こんなことを話していたとき、その人がいきなり泣き出したのだ。驚いて聞いてみると、もう何年もそういう教養的な話をしたことがなかったというのだ。

この人の中身を素の形で見たような思いがした。その後会話が弾み将来のこと、芸の理想、日本人の笑い、芸術と芸能の違いなど腹蔵なくとことん話した。これほど会話が深まるのはその人が内面を見せたからなのだ。本音という関係は取り決めではないのだ。

10　ひとつの過失でその人を抹殺すると公益の損失になる

門人子路を敬せず。る曰く、由や堂に登る、いまだ室に入らざるなり。

「門人子路《しろ》を敬せず。子曰く、由《ゆう》や堂に登る、いまだ室《しつ》に入らざるなり。」〔先進《せんしん》〕

子路の琴の弾き方が雑であったため孔子が以前咎めたことがあった。それ以来門人たちが子路のことを尊敬しなくなった。そこで孔子が言った。子路は大広間までは充分に入ることができる立派な人だよ。奥向きの私室には入れないだけだよ。侮ってはいけないよ。

【解説】

子路という弟子はとかくがさつで、繊細さにはかけるが、豪放で孔子の信頼していた人である。幾たびか孔子グループの危難を救った。しかし音楽の演奏のようなことはそれが重要な礼儀の一部であっても得意ではないのだ。他の弟子たちが子路を尊敬しないということは孔子にも落ち度がある。それは多くの弟子の前で子路をたしなめるからだ。それは効果的なこともあるのだが、子路はとにかく孔子に最も年が近く古くから付き従っている弟子なのだ。他の弟子は三〇歳も四〇歳も年若いものたちなのにそういう人の前で子路について言うことは子路も立場がない。そこで孔子は多少慌てて子路をかばったのだ。

誰にでも過失はある。その少ない過失のためにその人の全体の価値をなくすという場合がよくある。しかしこれは程度の差がありそれは公的に利益があるかないかで計るべきなのだ。その人がいなくなるとここの部署は動かない。その人が手を引くと今までの経緯がつかめない。

こういうことの分からない、繊細さのない人に危機管理を語る資格はない。人前で叱るという時のまとめ方はその後の、上司と叱られた部下との人間関係がカギとなる。その修復ができない人ほど組織では爆弾になるのだ。そういう人でも業績を上げられるのも組織の面妖なところだ。業績は上がるが働きやすいところではないはずだ。

組織の目的の一つに地域への還元という大切な使命がある。企業であるなら雇用を保障したり、文化的な貢献をしたり、地域そのものの活性化や被災地なら復興の糸口にもなる。これも業績の一つであり、何よりも印象という意識的な貢献なのだ。この部分は公益という考えになってくる。

ある組織が脱税をしたり、不正を行ったりして社内での処分があったとしても地域への恩恵は変わらないのだ。反社会的ではあるがその「社会」には地域は含まれない。また日本全体への損失にもならない場合、法律に違反した部分だけを排除すればいいのだ。それは法律という全体が地域という部分に合わないのだ。ただ会社の方針に従っただけの人に責任はない。管理責任をきつく問うと企業の業績にも関わる。

どこかに迷惑を被った人がいるかも知れない。それは「ネグレクティヴスモール」つまり無視出来る小誤差として扱わないと恩恵を受けた全てを無視しなくてはならないことが生じる。日本ではそれでもスモールの方に光を当てる。それが誠実ということになっているが恩恵を受ける多数はその誠実のために我慢を強いられる。繊細さに欠けるのはどちらかと考えたとき、法律という規則に従わせた人が出世することになるのだ。こうした現象はかなりの例にのぼる。

どこの国でもいつの時代でもマスコミ文化は人をさらし者にして喜ぶことがある。不正や悪者をチェックする報道機能が実は重要な人までも抹殺することになる。身近な例で言うと福井の大雪の時、自衛隊が出動した。一・五メートルの積雪の道路を一五〇〇メートル雪かきして国道からトラックや自家用車を救った。その時、レポーターは一五〇〇メートルしかできなかったという言い方をした。雪国の人からネットでクレームが相次いだ。「自分でやってみろ。」「一・五メートルの雪を一メートル掻くことがどれだけの重労働か分かっていない。」それを報道するレポーターは暖かい格好をして何もしていない。重機を使えばいいということも言っていたが、重機は一般の住宅に出動していたのだ。自衛隊をこれほど悪者にするマスコミは発行部数が落ちるのは当然だろう。

しかし自衛隊はそれでも必要だから抹殺はされない。個人が何かで一度さらし者になったら、どれだけいい影響を与えていた人でも終わりなのだ。これを回復するには沈黙の時間を数年待たなければならない。その数年は公益の損失になるのだ。中国は人も多いし上を排除しなければ確かに下の優秀な人は這い上がれない。公平なチャンスが少ないからだ。しかし日本は優秀な人材は少子化で少なくなるのだ。政治家でも野党に刺されない人は多くを話さない人だ。

アルマーニの標準服を決めた日本橋の小学校の校長はマスメディアに挙げられたが敢然と実行している。その地域の意向でもあるし、一つの考えを持った地区なのだ。どうしてこれが問題になるのかは、多くの人が疑問に思っている。日本橋や、六本木、上野、銀座などそれぞれにカラーがあり意見も持っている。英国やドイツなどの地域ではおそらく全く問題にならないだろう。反対意見はあっていいし、それも聞いている。しかし少数派は大勢になってはいけないのだ。公益とは多数派という意味だ。メディアの社会問題化に立ち向かうには敢然とした態度と多くを語らないことが必要でそれが公益に資することに繋がる。それは民度という文明の尺度にも繋がるのだ。マスコミに取り上げられるのを喜ぶ人が多いということも民度の低さを表している。集団に対して利益があると確信することでも個人の危機管理は油断してはいけない。

★　子路《しろ》　魯の人　姓は仲《ちゅう》　名は由《ゆう》　字は子路または季路《きろ》

孔子の弟子であるが九歳年下で他の弟子より孔子の友人に近い。孔門の中で最も武勇に優れており、それだけに行動は早い。多少は思慮に欠けるが、正直で誠実、物理的な危機には最も頼りになった。現代で見ると徳光や高田純次が強かったらこうなるだろう。

〈危機管理人の休息〉……その通りだよな

『しくじり先生』は集団リンチの生還者

もう古くなったが甘利大臣が辞めざるをえなくなった事がある。しかしTPPのいきさつを知っている、他の国との人間関係を持つ人を簡単に辞めさせてもいいものだろうか。この種のリンチは国家の利益ではなくどんな悪でも暴くという正義なのだ。それで国民は納得するという社会風潮がある。国民が不都合になっても「正義」という抽象的なものを抱えこむと、「正義」が一人歩きする。日本は今や「正しさ」だけの国になり、そのために国力が下がってもこの「正義」は力を持つだろう。そこが恐ろしいのだ。「国のため」という言い方が軍国主義に利用されたのと同じにおいがする。

官僚組織の最大の欠点は国民、民のためということを気にしすぎて必要以上の逃げをすることだ。しっぽ切りがその最たるもので、かばう、過去の業績に照らしてお目こぼしという考えは皆無だ。組織のために、住民のために汗水垂らして働いて最後に捨てられたという人を何人も知っている。解任する側にすれば正義を行ったと思いこそすれ、誰も申し訳ないとは感じず、リセットされたと思っている。泥をかぶるような仕事をしている人を大切にしないような官僚組織は人の作る組織として機能していない。

現代では世間様がそういう人を許さない。「世間様」のことを今ではマスコミとかメディアとかいう言葉で呼ぶ。昔も「世間様」というものがいたが全く質は異なる。昔の「世間様」は一言説明すればわかる誰かが中にいた。今の「世間様」はよってたかって誰かを血祭りにする。それで悪いところを切り取ったという気分でいる。しかし国益のために働いている人は大切にしなくてはならないのだ。公益でも同じだ。誰かのためになっている人を簡単に抹殺してはいけない。自衛隊反対といっている人が震災や集中豪雨、台風でお世話にならないことはないのだ。それは別の話だという逃げはもう打たない方がよい。

千代田論語の会

二〇一四年一月に東京を中心とした企業人八名が集まり勉強会をしようと言うことになった。経済人や政治家の集まりはいくらでもあるが一見実務的ではない教養を高めようではないかと言うことで一致した。そこで「論語」の話が出た。まず古典であること。日本人の意識の根底に根深く入り込んでいること。深そうでありながらみんなの知識に無い新しいものという三点であった。

何度か進めていくうちに現代中国という点を避けて通れないことが分かった。次にアジア情勢から国際外交問題に発展し、日本の国内の社会問題と「論語」の言葉を結びつけることに行き着いた。構成メンバーはメーカー、商社、保険、銀行、官僚、一般公務員、理系の研究所、大学教員、高校教員、弁護士、医者、女優、主婦、など様々になり、第一次産業以外はすべてを網羅するようになった。

年齢構成は四〇代から五〇代前半で組織の現役であるため月一回一九時からとはいえ、普段の業務、会議、出張、海外赴任、などドタキャン歓迎の緩いが参加するだけで知的充実を求める会になった。この会からオピニオンリーダーを作ろうとか、新しい切り口を発信しようとかの目論見は一切無い。次の発展は討論会をすることになり、論語の後、五名くらいのグループでそれぞれが思いつきを話すようになった。そしてその次はせっかく専門分野の仕事をしているのだからその方面のことを発表する機会を作るようになった。これはメディアで得る知識とかなり異なることもあり勉強になっている。

今までに、「人工知能」「レジリエンス」「スリーDプリンター」「東京オリンピックパラリンピックについて」「サイバー攻撃」「身の回りの危機管理」「高齢者の延命治療の問題点」「LGBT」「振り込め詐欺対処法」などを質問しながら聞くという形式で行っている。またこれからは自分の趣味の江戸散歩や古墳散策、男性の料理や相撲談義など発表する場を作ろうとしている。

メンバーは一二〇名ほどいるが転勤やレベルが高すぎる、おっくうなどの理由でしばらく足の遠のく人もいる。しかし一年後にまた現れる人もいる。そういう人達向けにもなるように、会の後必ず「まとめ」をメンバー全員に配信しているので「読者会員」としての参加も可能となっている。とにかくこの会を聞いたとき右翼の会か、などという人もいたが全くそうではなく知的教養で普段使っていない脳みそを動かす、しかも頼りになるオープンなコミュニティーに成長している。毎回都合の付くメンバーで成立しているが、常時二〇名ほどの参加がある。広報はしておらず千代田区のプラットフォームスクエアーを根拠地に月一回のペースで開催している。

事務所移転の御案内

いつも小社の図書を御愛読頂き有り難うございます。
今般左の通り事務所を移転しました。

移転先

〒167－0052 東京都杉並区南荻窪一－二五－三

電話 〇三－三三三三－六二四七
FAX 〇三－三二四七－四一三四
振替 〇〇一九〇－七－五八六三四

最寄駅 JR中央線 荻窪駅
荻窪駅南口より関東バス 荻51 53 58

メールアドレス：info@meitokushuppan.co.jp

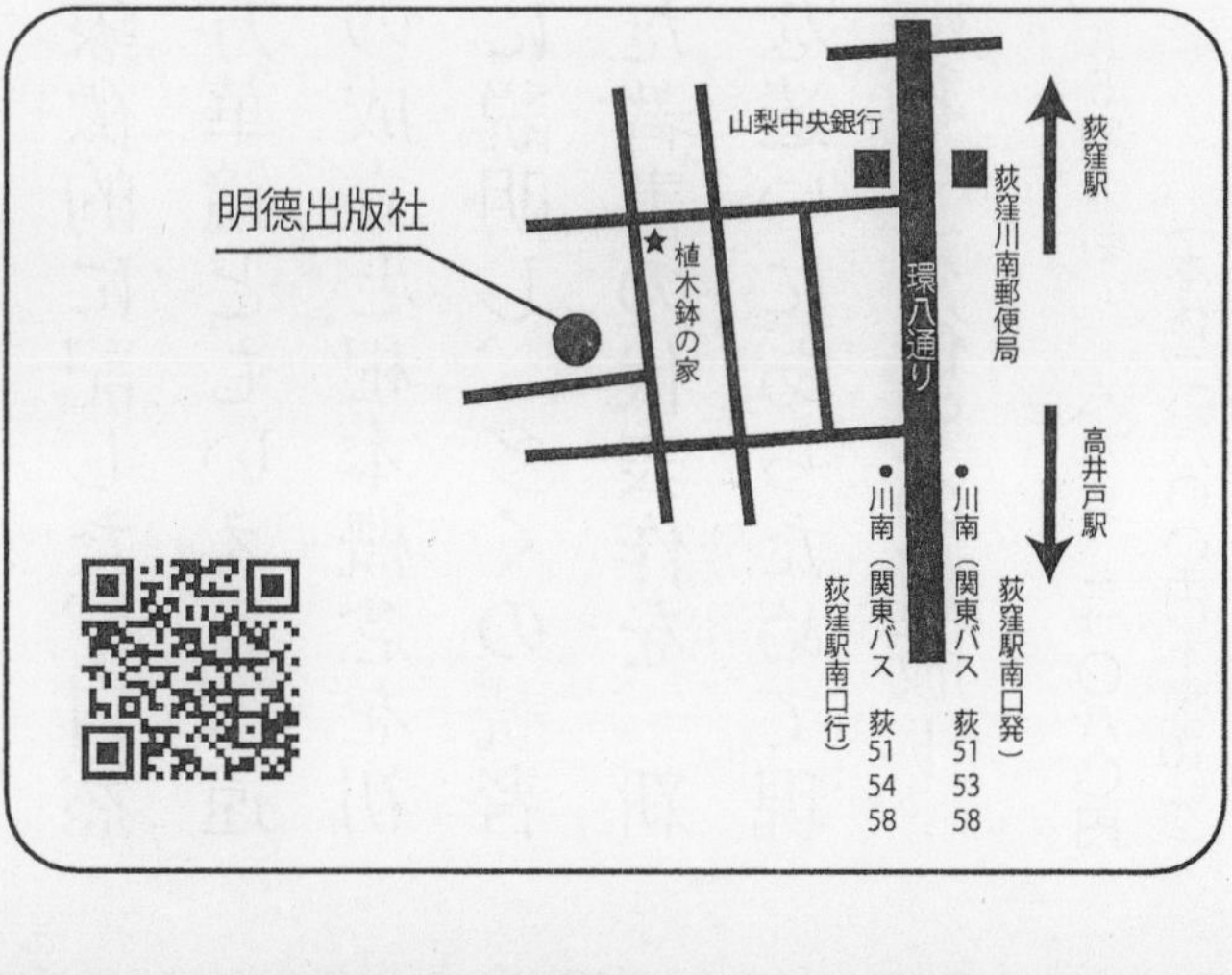

ISBN978-4-89619-860-7

危機管理と「論語」の知恵

平成三十年十月十二日　初版印刷
平成三十年十月十五日　初版発行

著　者　千代田論語の会
発行者　佐久間保行
印　刷　㈱興　学　社
発行所　㈱明徳出版社

〒162-0801　東京都新宿区山吹町三五三
（本社・東京都杉並区南荻窪　一－二五－三）
電話　〇三－三二六六－〇四〇一
振替　〇〇一九〇－七－五八六三四